2023长三角商业创新样本

上海长三角商业创新研究院　著

中国商业出版社

图书在版编目（CIP）数据

2023长三角商业创新样本 / 上海长三角商业创新研究院著. -- 北京：中国商业出版社，2024.5
ISBN 978-7-5208-2936-6

Ⅰ.①2… Ⅱ.①上… Ⅲ.①长江三角洲—商业模式—研究 Ⅳ.①F727.5

中国国家版本馆CIP数据核字（2024）第111991号

责任编辑：朱丽丽

中国商业出版社出版发行

（www.zgsycb.com　100053　北京广安门内报国寺1号）

总编室：010-63180647　编辑室：010-63033100

发行部：010-83120835/8286

新华书店经销

杭州高腾印务有限公司印刷

＊

787毫米×1092毫米　16开　12.5印张　242千字

2024年5月第1版　2024年5月第1次印刷

定价：188.00元

＊＊＊＊

（如有印刷质量问题可更换）

序 言

2023年元旦刚过，深圳、杭州、苏州和无锡等城市即刻组团出海，奔赴日本、法国、德国、美国以及新加坡等国家，拉开中国全球招商序幕。中国在本土忙于春运的同时，满世界忙于"春耕"，并在全年一以贯之，这是全球绝无仅有的现象。2023年，各个国家积极推动经济复苏，全球经济体总体增长。而在全球政治、经济和文化等多重因素变化的压力下，世界经济和贸易依然处于不稳定与不确定的状况，特别是受供应链区域化、本土化趋势的影响，全球产业链供应链依然遭遇韧劲和安全的挑战。但中国的杰出表现，带来的不仅是一系列收获和承诺，更是全球合作伙伴深耕中国市场、共享中国机遇的坚定信心。世界知识产权组织发布的《2023年全球创新指数》中，中国位居第12位，是前30名中唯一的中等收入经济体；拥有24个科技集群，数量首次跃居世界第一。2023年中国进出口总值5.94万亿美元，连续7年保持全球货物贸易第一大国地位；其中电动载人汽车、锂离子蓄电池和太阳能电池等"新三样"合计出口首次突破万亿元大关，占年度出口额的28.7%，外贸新动能震惊了世界。

始终坚持对外开放的中国，也始终坚持人类命运共同体和义利兼顾、合作共赢的发展理念，为全球化和多边主义的世界治理格局注入智慧和方案。在把握新一轮科技革命的历史机遇时，利用数字化助力传统产业转型升级，并在人工智能、新能源、新材料等领域崛起，推动中国从积极融入全球经济迈向创新引领世界市场的新阶段，走向内在的、自主的发展道路。哪怕是经历三年疫情的巨大影响，中国的创新道路和高质量发展道路也是明确而坚定的。2023年，最引人注目和引以为豪的是中国政企积极联动，高效协同，主动出海，与多国建立稳固的供应链，特别是在新能源、数字与服务贸易等领域的全球贡献，可以说别开生面、两枝俱秀。而中国科技公司的全球视野、战略定力和韧性，也令其在半导体、新材料方面有较为出色的表现。这一切离不开在中国本土市场的努力奋斗，离不开中国产业经济创新生态的建设，更离不开政府的投入支持和优良的营商环境。2023年，长三角、大湾区、成渝地区乃至整个国家，一片生机勃勃，机场与高铁站人头攒动，到处都是干事创业的火热场景。中国创新始终保持激情，塑造了全球科技创新中独特的、不可替代的位置。

2023年，长三角区域进出口占全国总额的36.3%，其中"新三样"出口占比超50%，始终保持领先，三省一市各有表现。上升为国家战略的五年来，长三角始终勇当科技和产业创新先锋，为全球科创高地建设不懈努力。集成电路、生物医药、人工智能的产业规模分别占全国的3/5、1/3和1/3。尽管三大战略性新兴产业正遭受"成长的烦恼"以及高质量创新的压力，但韧劲依旧、生机勃勃。在全球交流与协作的千锤百炼中，长三角科创群体逐渐显现出日益鲜明的特质与精神。它们，助力中国从模仿者转变为创新引领者，为产业文明带来进步；它们，笃定"改变世界的全球领导者"的远大目标，善于平衡全球化、区域化和本地化关系，吸纳全球精英、整合全球资源，提升全球运营能力，为经济全球化注入新动能。

"长三角商业创新样本"项目经过七年时间的探索，与产业和企业共同创新、共同成长。样本项目所升级的"知新工程"形成了较为完整的创研和赋能体系：从指数、案例到样本的选样体系，通过出版、发布到走进院校赋能商学，以及企业研学和创新实验室的可持续行动，构建了全链条的价值体系。选样流程充分借助了数字化手段——以"长三角商业创新指数"六力模型为基础，对1800多家上市公司和2000余家工信部专精特新、独角兽等科创企业进行系统分析，筛选出500家优秀创新公司，并由来自复旦大学管理学院、安永事务所、中金资本等知名院校与机构组建的专家团进行多轮评审，复选出60家企业。其中包括新能源企业16家，大健康企业11家，数字科创企业10家，商贸流通企业3家，高端装备制造企业18家，金融科技企业2家。在60进30的半决赛中评选了37个创新案例，并从中诞生12家创新企业样本。

在整个国家忙着抢回被三年疫情耽误的时间中，我们追寻创新引领者的匆匆步伐，尝试理解他们独特的创新思维和战略布局，同时也被科创企业家和青年科学家的信念以及他们面对危机和困境的坚守与从容所感动。本届评选更侧重绿色低碳、企业ESG指标，并提高了新能源和高端制造业的比重。37个创新案例在科创力、开放协同及高质量发展等关键要素表现出色，在前瞻性、战略性、系统性布局与发展模式方面各有千秋。样本企业面对重重挑战，不断进化，努力推进科技创新和协同创新，注重产业基础能力建设，以优异的成绩，印证着参与全球化的领先能力以及蓬勃的生命力、创新力、生态力等，展现着独特的发展品质。

一、自立自强，以科技创新引领产业创新，构建战略优势和生态价值

科技、人才、创新的战略意义，在以自主创新为发展主旋律的新时期，提升到新的高

度。尤其是战略性新兴产业在走向完全的自主创新中，时刻考验着国家创新体系的建设。坚持自立自强，坚持以科技创新引领产业创新，构建战略优势和价值生态，是科创企业的共同选择。

阳光电源股份有限公司持续聚焦清洁电力领域，通过低成本创新和纵深发展，构建技术领先优势和品牌高效能，实现快速可持续增长，成就龙头地位。其创新的"含金量"从"国内首创"向"全球第一"不断进阶，助力以太阳能、风能、储能、氢能为代表的绿色能源逐步破解传统能源的"不可能三角"，实现产业的升级与可持续发展。

在脑机接口领域中扮演着革新者与领航者角色的浙江强脑科技有限公司，不仅在核心知识产权、核心发明专利授权数量上为行业罕有，在"固态凝胶电极"与"智能假肢算法"等关键技术上，也牢牢占据了全球领导地位，打破了国外技术封锁的枷锁，实现了高性价比的批量生产，让尖端科技触手可及。科技创新，重在自主，贵在转化。杭州福斯特应用材料股份有限公司、江苏青昀新材料有限公司、江苏艾森半导体材料股份有限公司等都通过技术的自主创新、自立自强，在竞争和发展中赢得了主动权，助力产业跃升和全球化发展。

远景科技集团通过技术创新降低新能源的度电成本，且创造了中国新能源市场的多项第一，引领中国及全球的能源转型和技术变革。同时凭借领先且完整的解决方案，成为多地政府和跨国企业的全球零碳技术伙伴，成长为领先的全球化科技集团。连连数字科技股份有限公司、普洛斯中国等，也都在发展中建立起了高效的研发平台或应用系统，让底层技术尽可能复用、裂变。它们通过技术创新驱动业务创新、模式创新、业态创新，拓展产品及服务的广度和深度，构建了战略和生态的领先优势。

样本企业在原始创新上取得新突破，在重要科技领域实现跨越发展，不懈努力地推动关键核心技术的自主可控。它们都十分注重人才的培养体系及卓有成效的研发激励机制建设，以形成企业为主导的高效的研发创新体系，助力可持续高质量发展。同时，它们积极吸纳具有国际视野、对技术有深刻理解的精英人才加入队伍、融入团队，推动跨学科交叉、跨界融合与跨文化合作，保持技术创新活力，这已成为新的趋势。

二、高水平开放与融合，推动全球产业供应链赋能协作，推动中国创新服务世界市场

中国始终与世界各国分享自身经济发展的机遇与红利，共同培育全球经济发展的新质动能。新一轮科技革命加速了数字化转型，对产业链供应链各个环节逐步渗透，从根本上改变原有的研发方式、制造方式、贸易方式、产业组织形态，带来发展的新要求，也改变

了中国企业的发展思维——从被动提供产品迈向主动建设国际品牌、服务世界市场。

连连数字科技股份有限公司充分把握产业数字化及跨境电商快速发展的重大机遇，跨境支付业务触达100多个国家和地区，构建了以全球支付网络为核心底座的数字科技服务能力；同时通过服务跨境电商连接中国和海外市场，通过支付科技服务连接传统行业和数字经济，通过参与中国金融基础设施的对外开放连接全球，助力全球数字贸易新生态建设。分别从绿色能源、生命健康两个维度建立中国品牌国际产业示范的远景科技集团、阳光电源股份有限公司以及浙江强脑科技有限公司等，立足自身能力以及产业链和中国完备的工业体系优势，提升全球供应链水平，构建了全球服务能力、提供了中国解决方案，展现了中国智慧。

阳光电源股份有限公司与杭州福斯特应用材料股份有限公司以技术突破为底座，积极投入全球化发展，持续打造卓越产品与服务，为全球客户创造长期价值，塑造中国企业的卓越品牌形象。普洛斯中国，以国际视野和专业精神，聚焦中国市场创新，通过对供应链、大数据及新能源领域新型基础设施的产业服务与投资，打造中国的产业服务生态体系。

近年来，我国不断完善服务贸易政策体系，搭建服务贸易发展的载体和平台，推动服务贸易高质量发展。中国服务贸易已连续七年保持4%以上的增长率，高于同期全球增速。中国充分发挥比较优势，深度融入世界经济发展进程，逐渐形成了面向世界市场的、以制造业为基础的产业链。中国企业也充分认识到自身在全球经济体系中的位置，竭力以创新为驱动，以全球视野打造国际品牌，在为全球带来新动力和新机遇的同时，在全球产业价值链中实现质的飞跃。

三、市场价值与社会价值并重，助力中国可持续发展以造福全球

科技进步带来了一系列能力的飞速提升，也全面带动了各行各业的数字化、智能化发展。尤其是新能源、生命科学、生物经济、数字科创等对未来社会产生深远影响的新产业赛道，被时代赋予了新要求和新使命——重新思考一个企业对社会经济的重大影响和在社会中应该发挥的作用。坚守长期主义、坚持科技向善、推动可持续社会价值创造，才能找到自身业务可持续发展的空间，并与社会共生共荣，创造更大的社会福祉。这不仅是时代的呼唤，也是企业在这个时代必须具备的素养。

作为绿色能源业的领导者，远景科技集团积极拥护国家有关全球环境治理的主张，持续践行低碳排放，自觉展现应有的担当精神和责任意识。一方面持续主导并参与行业制度的建设，深度融入国际合作；另一方面将数字化作为业务互联的基础，实现业务重塑和全

球引领，为全球环境治理作出贡献。掌握产业发展关键技术和新材料的阳光电源股份有限公司、杭州福斯特应用材料股份有限公司，以信息化、智能化融合绿色发展为杠杆培育新动能，通过探索可持续发展的方案造福全球。

浙江强脑科技有限公司驱动脑机接口科技成果走出实验室，在生命健康、工业制造、教育科研、新兴产业等诸多领域与维度重塑新模式、新生活，转化为真正惠及民生的生产力，将科技创新与社会价值有机融合发展。江苏艾森半导体材料股份有限公司和江苏青昀新材料有限公司坚持做中国没有的、产业需求的产品，甘坐冷板凳，潜心研发，最终突破技术难关并实现新型材料的规模化生产、应用，打破全球垄断，助力产业生态更加健康、安全、有序地发展。连连数字科技股份有限公司与普洛斯中国在数字贸易、现代化物流等领域夯实基础建设，以战略担当创新引领行业标准的制定，构建共富"朋友圈"，助力行业健康发展，服务新经济建设。

年年后浪推前浪，江草江花处处鲜。样本企业积极把握机遇，研发新技术、投身新产业、创造新业态和新模式，找到新的增长点，开拓了更广阔的市场空间，实现了高质量发展。以长三角地区为例，沪市主板近10年来新兴制造、现代服务公司的数量呈现阶跃式增长。科创板570家企业中，行业结构布局与新质生产力发展方向高度契合，其中新一代信息技术、生物医药、高端装备制造行业公司合计占比超过80%，是持续打造培育新质生产力的"主阵地"，为中国创新发展走出了自己的特色道路，为产业赋能、为全球赋能，助力人类美好生活。

当下，世界之变、时代之变、历史之变的大潮奔涌而来，找到不同文明以及各国人民和谐共处之道，让未来充满希望，是中国始终关注、思考且不停求索的问题。越来越多的国家走向中国、携手中国，获得发展经验，汲取智慧启迪，分享繁荣机遇。彩云常在有新天。在新的起点上，加强科技前沿领域的创新合作，促进科技同产业、科技同金融深度融合，优化创新环境，集聚创新资源，推动形成区域协同创新格局，为共同发展注入强劲动力。

长三角如是，中国创新如是。

上海长三角商业创新研究院
《2023长三角商业创新样本》执委会
2024年5月

目　录

第一章
让更多的阳光照耀清洁电力的未来

——阳光电源股份有限公司

- **楔子：**向阳而生，电力长青

- **企业概况：**清洁电力转换技术的全球引领者

- **创新解读：**

  第一节　全面拥抱新型电力系统

  第二节　创新全方位升级，全力服务清洁能源行业

  第三节　阳光内核驱动，细微处见风范

- **企业家专访：**始终以领先行业的高标准要求自己

- **专家点评：**全球化与数智化：阳光电源的"发光"之道

楔　子

向阳而生，电力长青

在大变革的时代里，建立新型能源体系成为全球的共识。新能源为科技保驾护航，为绿色经济带来发展机遇。阳光电源股份有限公司（以下简称阳光电源）聚焦新能源赛道，自成立起就致力于以光伏逆变器为核心的电力电子转换设备，通过产业链横纵双向布局，实现了业绩快速增长，综合能力全球领先。

万变皆变，唯变不变。阳光电源以不变应万变，以聚焦和创新确保成长之路长青。公司坚持顶格推进研发创新，积极投入全球化发展，持续打造卓越产品与服务，为全球客户创造长期价值，塑造中国企业的品牌形象。

阳光电源以地球公民为企业的使命定位，全力以赴为时代最紧迫的挑战寻找解决方案。在全球净零排放目标的指引下，阳光电源坚信绿色化、便利化和数字化一定是未来能源的发展趋势。阳光电源将绿色理念融入产品全生命周期，利用技术专长持续、系统地推进自身和供应链减排。阳光电源全面提升数字化素养，提高能源转换效率；搭建智慧能源管理平台，使太阳能光伏、风电、储能、新能源汽车、氢能参与到能源互联网中，形成数字化背景下的多元能源系统。阳光电源秉持"让人人享用清洁电力"的使命，充分依托清洁电力转换技术优势，与全球伙伴协同合作，用专业力量积极应对全球重大挑战，共塑可持续未来。

阳光电源将"创新尊重"融入企业价值观中，营造更加包容、多元和平等的组织氛围，建设一支国际化的创新型团队。阳光电源秉持"绿色使命，成就美好"的 ESG〔环（Environment）、社会（Social）和治理（Governance）的缩写，它构成了企业社会责任和可持续发展的核心要素〕理念，坚定推进五大可持续战略目标：迈向净零、生态友好、多元包容、伙伴共赢、卓越境治理。通过技术创新和持续投入推动企业自身与全球可持续发展，共创美好未来。

企业概况

清洁电力转换技术的全球引领者

阳光电源（股票代码：300274）是一家专注于太阳能、风能、储能等新能源电源设备的研发、生产、销售和服务的国家重点高新技术企业。

阳光电源总部大楼

一、一专多能：持续加速的引领者

阳光电源自成立以来，始终专注于新能源发电的转换技术领域。目前，阳光电源已形成 10 个业务板块，涵盖了太阳能、风能、储能、氢能等新能源领域，并结合智慧运维，实现各增长曲线协同发力，为业绩筑底。

多年来，阳光电源坚持以市场需求为导向，以技术创新为动力。创始人曹仁贤专业背景深厚，目前担任中国光伏行业协会理事长，曾主持多项"十五""十一五""863 计划"等国家重大科技计划项目，具备敏锐和前瞻性的行业洞察能力，引领着公司迈向正确的战略方向，确保企业在变革中稳健前行。公司培养了一支研发经验丰富、自主创新能力强的专业研发队伍，先后参与并主持起草了多项国家标准，是行业内屈指可数的掌握多项自主核心技术的企业之一。2022年，公司承接的国家重点研发计划项目"新型光伏中压发电单元模块化技术及装备"通过验收，全球首台35kV中压直挂光伏逆变器由此诞生。

相较同行，阳光电源在资金规模、盈利能力、产品研发、迭代速度、品牌力和全球销售渠道上具备较强的行业竞争力。现阶段，阳光电源的主要产品有光伏逆变器、风电变流器、储能系统、水面光伏系统、新能源汽车驱动系统、充电设备、可再生能源制氢系统、智慧能源运维服务等。同时，公司还致力于提供全球一流的清洁能源全生命周期解决方案。

公司先后获"中国工业大奖""国家级制造业单项冠军示范企业""福布斯中国创新力企业50强""国家知识产权示范企业""全球新能源企业500强""亚洲最佳企业雇主"等多项荣誉称号，阳光商研院还荣获影响力教育品牌。此外，阳光电源还拥有国家级博士后科研工作站、国家高技术产业化示范基地、国家企业技术中心、国家级工业设计中心、国家级绿色工厂。

二、综合实力：全球新能源发电第一方阵

阳光电源始终坚持全球化发展战略，向国际市场展示自身能力。公司在成立初期就积极探索海外市场：以无与伦比的战略眼光了解市场、注册商标、设立海外组织架构；以非凡的勇气克服在高端产品的研发和人力资源方面的重重挑战。在战略布局期，阳光电源通过准确定位市场、制定销售策略及落地售后服务网点等举措，陆续开拓了德国、美国、加拿大等市场。

目前，阳光电源已经建立成熟的全球营销、渠道与服务网络体系。公司拥有20多家海外分（子）公司，建立了全球六大服务区域，超490家服务网点，重要的渠道合作伙伴达到百家。公司先后在160多个国家注册了商标，核心产品光伏逆变器先后通过TÜV、CSA、SGS等国际权威认证机构的认证与测试，已批量销往全球170多个国家和地区。另外，公司还在海外开展产能建设项目，不断优化海外管理体系，印度生产基地和泰国工厂产能目前已达25GW。公司还积极打造全球品牌影响力，实施市场全覆盖和纵深发展战略，通过当地文化适应、亚文化培育、品牌内涵升级、全球化推广品牌等方式去应对挑战。2020—2022年，公司光伏逆变器销量在全球的占比约30%。公司的海外收入占比从2019年的25%上升到2023年的46%。截至2023年，公司在全球市场已累计实现电力电子转换设备装机超515GW。

目前，阳光电源正继续推进全球化向纵深发展，加快战略部署，完善国家级经营体系。同时，加快全球供应和制造体系的升级，增强本地化能力建设，进一步扩大全球领先优势。未来，阳光电源将努力成为值得信赖的世界一流企业。

第一节　全面拥抱新型电力系统

"双碳"背景下，以电力为主线的能源供给正在加速推进绿色低碳路线。可再生能源将大量替代化石能源，电动汽车、分布式能源、储能等交互式用能设备的广泛应用，对电力系统安全、高效、智慧运行提出更大挑战。正因如此，电力装备具有较大的市场扩张和技术升级的需求空间。

一、逆变器：光伏发电系统的心脏

光伏逆变器是太阳能光伏发电系统的心脏，其将光伏发电系统产生的直流电通过电力电子变换技术转换为生活所需的交流电，是光伏电站最重要的核心部件之一。

光伏逆变器不仅有直交流变换功能，还有主动运转和停机功能、最大功率追踪MPPT功能、孤岛效应的检测及控制功能、电网检测及并网功能、零（低）电压穿越功能等。光伏电池发电量的多少受到光强以及外界环境的影响，其输出功率是变化的。按照光伏逆变器的技术路线，可以将光伏逆变器分为大型集中式光伏逆变器、组串式光伏逆变器、集散式光伏逆变器、微型逆变器。不同类型的逆变器在性能和经济性上各具特色，可适用于不同的应用场景。

逆变器位于光伏产业链中游，下游行业对逆变器行业的发展具有较大的牵引和驱动作用。根据彭博新能源财经（BNEF）预测，全球光伏新增装机有望从2023年的444GWdc快速增长至2030年的880GWdc。目前，光伏逆变器市场以组串式和集中逆变器为主。

从客户的角度来看，技术、品牌和服务是选择逆变器时考虑的关键因素。在降本的同时增效，以"低成本"为"创新"的目标，是光伏发电系统的发展趋势。实现降本的关键，首先在于将功率器件性能挖掘到极致，使用更少的元器件，实现更高的效率——这考验企业对技术和工艺的专项技术能力。此外，企业的供应链能力和规模经济也能有效摊薄成本。从技术上讲，逆变器行业的增效体现在产品迭代速度上。研发人才及团队要经过长期的技术积累才能在持续提高产品的稳定性和可靠性的同时快速响应迭代要求。中国企业以突出的性价比优势、产品快速迭代的技术能力和优良的售后服务能力，在全球逆变器市场上长期领先。根据标准普尔统计，2022年全球逆变器出货量排名前10的企业中有7家来自中国，全球份额高达63%。其中，阳光电源出货量排名位居全球第一。

组串式逆变器实际使用场景

二、新型储能：用电侧变革的技术支撑

现有电力系统要接受和消纳大规模高比例波动性强的风电、光伏发电，亟须大力发展以新型技术为核心的储能方案，以弥补电力系统灵活性调节能力缺口。

电化学储能技术是新型储能技术的主力。电化学储能具备灵活性高、响应速度快、环境资源约束小、与新能源协同效应高的优势，在新型电力系统中应用前景广阔。

电化学储能产业链的上游为原材料及零部件，产业链的中游为储能系统集成，上承设备提供商，下接储能系统业主，是电化学储能的核心环节。储能系统核心设备众多，相当于储能电站，对安全性和经济性的要求极高。

储能下游类型按照电力系统环节可以分为发电侧储能、电网侧储能和用电侧储能三大储能场景，涵盖了发电集团、电网公司、第三方投资者和户用等主体。其中，电源侧、电网侧储能又称为表前储能或大储；用户侧储能又称为表后储能，可进一步分为工商业储能

（亦称中储）与家庭储能（亦称为小储或户储）。对于电源侧，利用储能系统可保证新能源发电的稳定性和连续性，增强电网的柔性与本地消化新能源的能力。对于电网侧，储能可实现对用电负荷的削峰填谷，储能系统能够快速精确地响应调度指令，相较传统的火电调频，精确性更高、调频效果更好。对于用户侧，工商业储能一般与分布式光伏配套使用——在用户附近建设，以用户自发自用、余电上网的形式，在配电系统中平衡调节为特征的设施。而户储系统可大幅节约用电成本、保障用电稳定性，在高电价、电网稳定性差的地区需求旺盛。

2021年以来全球储能市场爆发，根据BNEF数据，2023年全球储能新增规模达96GWh，是2021年新增规模的4.3倍，BNEF预计2030年全球储能新增规模将达445GWh。中国、美国、欧洲引领全球储能市场的发展，三者合计占全球市场的86%。美国的市场以大储为主，而欧洲以户储为主，大储市场正在提升规模。一般来说，企业进入海外市场需要各种资质认证、业绩案例、海外客户的供应商体系认证等。因此，海外市场的"进入壁垒"较高。

在我国，电化学储能项目的应用场景仍以大储为主导，用户侧储能基本为工商业储能。截至2023年12月底，我国共计24个省、自治区和直辖市发布了"十四五"期间的储能发展目标，合计约84GW。按照大于等于2h装机时长估算，到2025年，这些地区将累计实现储能装机规模近168GWh，已经远超《国家发展改革委　国家能源局关于加快推动新型储能发展的指导意见》（发改能源规〔2021〕1051号）中提出的2025年达到3000万千瓦的目标。

随着大规模储能项目越来越多，单个储能项目规模越来越大，储能安全隐患也随之增大。储能全生命周期的安全问题引发重视，其不仅指人身资产安全，还包括并网安全、运维安全、收益安全等。

第二节　创新全方位升级，
全力服务清洁能源行业

阳光电源以"聚焦清洁电力领域，通过低成本创新和纵深发展，构建技术领先优势和品牌高效能，实现快速可持续增长"为总体战略方针，聚焦光伏、风能、储能、氢能等新能源核心赛道，持续深耕主业，通过市场与技术协同，在新能源产业中始终保持关键生态位，为全球低碳发展贡献专业力量。

一、技术创新的清洁能源专家

阳光电源非常注重自主创新能力建设，创新的"含金量"从"国内首创"向"全球第一"不断进阶。

公司持续优化研发组织架构、研发管理机制以及研发流程，在产品研发、工程设计、智能制造、数字化管理等全流程进行创新，不断研发、升级现有产品线，保持新产品迭代，为公司打造具有全球竞争力的产品和服务提供领先的技术支持。公司设立研究院，深入研究前沿技术，做好前期高价值知识产权布局和技术难点攻关；为公司产品、技术开发提供高效的平台服务和创新管理机制；为公司培养输送高素质的研发和管理人才，持续打造技术核心竞争力。通过将事业部关键项目所需技术进行分解，关键项目计划完成率纳入事业部负责人和相关研发人员的个人考核中。在新产品研发的全过程中，遵循技术持续创新、产品研发与运维过程不断降本、能源资源利用效率不断提高的原则，支持企业绿色发展。目前，公司已在合肥、上海、南京、深圳以及德国、荷兰设立了六大研发中心。

技术积累反映在产品的布局和迭代方面。在阳光电源的传统主业光伏板块，公司技术领先，产品结构完善，实现了全应用场景覆盖。公司光伏逆变器实现户用式、组串式、集中式和模块化全覆盖，涵盖3kW~8800kW功率范围，全面满足户用、工商业和大型地面电站等应用场景，稳定高效地运行于高温、高海拔、风沙、盐雾、低温等自然环境。在户用逆变器中，阳光的产品覆盖度甚至领先于专攻组串市场的同行。2021年3月，阳光电源发布了全球功率最大组串逆变器SG320HX，再度刷新了1500V组串逆变器功率等级。2006年，阳光电源自主研发国内首台兆瓦级双馈风电变流器。2019年，推出系列化三电平风电变流器。为了应对海上恶劣环境，公司在产品系统冗余、防腐防凝露方面进行了增强设计。2022年11月，应用阳光风能11MW全功率海上风电变流器的广东揭阳神泉二期项目首台风机并网发电，2023年阳光风电变流器全球发货32GW，以34%的市场份额位居全球第一，2023年1月，阳光风能陆上8MW风电变流器在张北成功并网，是当时国内陆上已并网最大功率等级的风电变流器。目前，公司的风电变流器产品包括全功率风电变流器和双馈风电变流器，全面覆盖国内主流风机机型，适用于陆上、海上各种风场环境。

公司立足于逆变器核心业务，不断创新技术，切入多项新能源业务。由于土地稀缺和地面安装光伏项目土地成本上升等因素，漂浮式水面光伏系统打破了地理条件的限制，市场需求持续增加。阳光电源的水面光伏市场占有率连续六年全球第一，并且是全球首个

GW级水面光伏系统供应商。公司在浮体、锚固系统、逆变升压浮台、系统运维等方面申请了200余项专利。

近年来，对可再生能源之一的氢能的需求逐步提升。阳光电源拥有光伏、风电的领先技术与业务优势，对于研究可再生能源制氢及电氢耦合技术具有先天优势，在业务上实现多能协同发展。2016年，公司成立了氢能研究小组，探究氢能行业发展；2019年，公司成立了氢能事业部，专注于可再生能源柔性制氢技术研究。2020年，在阳光产业园建成可再生能源变功率制氢及氢储能发电实证平台，实现纯离网变功率制氢及"电—氢—电"闭环。2021年，公司注册成立了阳光氢能科技有限公司，发布了PEM电解槽、碱性水电解制氢系统。2022年，碱性电解水（AWE）制氢系统荣获国际认证，PEM制氢系统交付，年产能GW级制氢设备工厂建成投产。同年年底，阳光氢能的兆瓦级在站制氢系统实现了99.999%高纯氢满功率投产，是国内极少数真正实现PEM电解槽商业化应用的企业。

由于新能源汽车电控和光伏逆变器的底层技术核心都是电力转换技术，2012—2015年，阳光电源基本完成电控产品研发工作。当新能源汽车迎来快速发展期，公司的前瞻布局也进入收获期。2017—2018年，公司的144V电控得以大批量装车，客户数量和装机量均实现规模增长。其中，EC30控制器在新能源专用车配套市场上的占有率已经突破30%。2022年，公司扩产，形成了基于多个技术平台，涵盖乘用车、商用车、工程车辆用全系列电控产品的专用线体生产能力。截至2023年年底，公司产品已累计装车超119万台。目前，电控系列产品已与吉利、广汽、奇瑞等车企展开深度合作。

公司以"低成本创新"为原则，开创性地推出以"高集成度"为特色的行业新品类"1+X"模块化逆变器。该产品由于兼具组串式与集中式逆变器的双重优势，配置更灵活、运维更高效、度电成本更优。

在充电桩业务方面，与市面常见的模块式充电桩相比，阳光电源集成桩的可靠性、稳定性更强，集成程度更高，对研发要求也更高。在这方面，公司拥有百人规模独立研发的团队，集成桩研发能力强，产品迭代速度快。2023年3月，公司推出了全球首款180kW集成桩，采用创新性集成式设计，实现了高防护、长寿命、免维护。据公司测算，新设计可为运营商大幅节省全生命周期总运营成本。

二、业务互联、管理互通

在能源行业，能源互联网已是全球发展趋势。其是指以电能为核心，集成电、热、气、冷等多种能源，综合运用先进的电力电子技术、信息技术和智能管理技术，协调多能的生产、传输、分配、储存、消费及交易，具有高效、清洁、低碳、安全等特点的开放式能源互联网络。未来，能源互联网将向智能化发展，为能源互联网提供可靠性和持续性，发展前景广阔。

数字化是能源业务互联的基础，阳光电源十分重视在各业务板块和全流程生产管理上的数字化赋能。智能化的产品及解决方案成果斐然。在光伏领域，公司与阿里云携手开发智慧光伏云（iSolarCloud），该解决方案将光伏电站与移动应用、微电网、能耗应用、负荷管理、金融支付等互联互通，优化能源管理结构，提高了光伏电站发电效率和收益率，大幅提升光伏电站运营的集团化、精细化和平台化。在光伏电站生命周期内，由于外部环境影响，会出现设备老化等问题，需要定期排查组串运行状态，传统人工巡检方式效率低下，因此智能化诊断方案需求被提上日程。2023年8月，公司基于"1+X"模块化逆变器，实现二级汇流场景下组串智能诊断的技术突破，实现该技术的全功率段覆盖。TÜV莱茵专家组对安徽灵璧120MW光伏项目进行实测，15分钟完成检测和诊断，准确率达96.73%。2023年7月，公司最新研发的直流2000V高压逆变器在陕西榆林"孟家湾光伏项目"成功并网发电，综合下来，单瓦系统平衡部件（Balance of System，BOS）成本可降低2分钱以上。这是2000V系统在世界范围内第一次并网实证，标志着光伏系统在降本增效之路上迈出了关键一步。公司通过创新的智能化分级关键技术、自适应电压功率控制算法，有效降低了关键元器件上的电压应力。此外，公司创新采用"高压对拖功率循环测试"技术方案，开展了电网接入适应性验证等全方位性能测试。

公司的阳光氢能柔性制氢系统同样是数字化应用的典范。该系统具备系统集成、能量管理、集群控制三大核心能力，可实现并网点功率控制、多台套电解槽集群控制等功能，提高项目整体运行效率和安全性。目前，阳光氢能产品已在吉林、宁夏、内蒙古、甘肃、湖北、云南等地风光制氢项目中得到广泛应用，助力工业、电力、交通等领域实现节能减排。

在多能融合领域，公司发布综合能源服务平台，多元场景齐发力。2017年4月，国家能源局启动了首批55个"互联网+"智慧能源（能源互联网）示范项目，公司的合肥高新区分布式能源灵活交易"互联网+"智慧能源示范项目获批。同年11月，公司首发"PowMart综合能源服务平台"。该平台颠覆了传统被动、单向的能源管理与消费方式，实现了能源互联、信息互享、高效转换、优化融合。

随着公司业务快速增长，运营成本面临挑战。为提升企业核心竞争力，加快数字化战略转型进程，公司成立了数字化变革管理委员会，制定了长期数字化整体持续投入规划，推动公司逐步从信息化向智能化企业迈进，打造在线、共享、透明的智慧企业，实现业务重塑和全球引领。

在数字化1.0阶段，阳光电源通过夯实信息化基础，完善系统，修炼内功。在这一阶段，公司拉通了业务流和信息流，消灭数据孤岛，打造场景化的数据分析利用，实现流程再造、流程优化和流程高效的目标。

在数字化2.0阶段，公司通过数据全域贯通，实现业务透明。关键举措如通过企业内外部协同系统、智能制造系统、打造数字工厂，统一数据平台和数据治理，打造基于决策价值的数字化管理公司，积极推进数字化转型，提升组织的敏捷性和高效性，为产线赋能增效。2023年5月，公司与西门子在合肥正式启动"阳光电源生产中心MOM一期（储能）制造执行管理系统项目"，双方携手建立风光储电氢统一MOM管理平台。

在数字化的智能阶段，公司可以基于人工智能分析为业务赋能，协助业务决策，促进商业模式创新，助力商业模式升级、打造全域生产合作伙伴。阳光电源引入AI和低代码分布式应用等高新技术为业务快速赋能，同时优化、重构各领域数字化系统平台，如全球数字化营销平台、数字化研发平台、智能制造平台等，促进业务端到端实现透明、智能、降本增效。

钦州市民海300MWp光伏发电平价上网项目

三、一体化发展，实现多能协同

公司坚持守正创新的发展战略，建立了稳固的市场地位；在生产过程中，实现成本控制与质量控制；对行业动向具有敏锐感知力，对市场变化具有快速响应力。结合智慧运维的技术利器，在软件智能化的协同下，公司有能力为客户提供一站式整体解决方案，满足用户从产品集成、电站安装到电网接入和智能运维的全生命周期电力服务需求，直击行业痛点，提升品牌力、巩固渠道优势。

在新型电力系统建设任务下，阳光电源不断拓展新能源产业的延伸能力边界，协调发电侧、电网侧和用户侧等主体，进行深度合作，并实现各增长曲线协同发力，共建"源网荷储"协调发展的新生态。

阳光电源向下游电站系统集成业务延伸。电站系统集成业务对技术专业度和流程控制的要求较高，以光伏电站系统集成业务为例，其需要将多种设备、组件和技术集成到同一个光伏电站系统中，以实现高效、稳定和可靠的电力生成和供应。2014年，子公司阳光新能源成立，为多元场景提供覆盖系统研发、开发投资、设计建设、运营管理等新能源开发全生命周期的整体解决方案。凭借其多年的经验和专业知识，目前该业务涵盖了地面电站、分布式电站、家庭光伏电站系统集成三大类。公司在农光互补、渔光互补、水面漂浮电站、风光储多能互补及土地综合利用方面，已经形成了"新能源+"的创新价值链，建成多个行业第一的里程碑示范项目。在DBT（Develop-Build-Transfer）模式下，公司成为全球排名第一的全球光伏电站开发商，截至2023年年底，累计开发建设光伏、风力发电站超40GW，形成以国内为根基、海外快速发展的多元协同产业布局，业务覆盖中国30多个省、自治区和直辖市，以及东南亚、大洋洲、南美等10多个国家和地区。此外，公司还有控制逆变一体机、光伏配件以及光伏逆变器集成方案、智慧能源管理平台，通过物联网、人工智能、大数据、区块链等技术，实现多种能源的集中运维、运营管理，提升电站资产价值。

由于风光快速发展，储能配套需求加速。其中，储能使用的变流器与光伏并网逆变器技术相似，储能变流器为相关逆变器公司带来增量业务。公司基于光伏逆变器行业的龙头地位，一方面向储能变流器进行业务扩展，另一方面向储能系统进行业务延伸，是国内最早涉足储能领域的企业之一。公司依托全球首创的电力电子、电化学、电网支撑"三电融合"技术，直击储能全链安全问题，形成了覆盖储能变流器、锂电池、能量管理系统等储能核心设备的产品网络，可实现辅助新能源并网、电力调频调峰、需求侧响应、微电网、户用等储能系统解决方案，是全球一流的储能设备及系统解决方案的供应商。公司储能系统产品的集成程度高，80%的配置工作在出厂前已经完成，在客户工厂"一次接线、一键设置"即可迅速实现安装和并网。公司为客户提供包括现场安装、后续维护和检修等全链服务。

　　根据中关村储能产业技术联盟（CNESA）的数据显示，阳光电源储能系统出货量连续八年位居中国企业第一，海外市场占比高。2023 年，公司全球储能系统出货量达10.5GWh，储能系统销售收入达 178 亿元，同比增长 75.8%。目前，储能已经成为阳光电源的第三大业务，在总营收中占比近 25%。2023 年，阳光电源储能业务毛利率为 37.5%，相较于 2021 年的 14.1% 同比增长 23.4%。

　　新能源及储能的任务已经从适应电网过渡到支撑电网，正向构建电网阶段迈进。2023 年 3 月，公司创新推出"干细胞电网技术（Stem Cell Tech）"，应用于能源基地、柔性输电、孤岛供电、终端用能等场景中，通过储能系统的调频调压、谐波抑制、黑启动等助力新型电力系统的电压、频率平稳运行，提高风光脱网后的快速恢复能力。

第三节　阳光内核驱动，细微处见风范

　　一个企业的文化是企业的灵魂，也是企业不可估量和忽视的竞争力。成立 27 年以来，阳光电源坚持卓越经营、良性治理，奠定承担环境和社会责任的牢固基石。

一、精益组织管理：从卓越组织到卓越人才

　　在运营过程中，阳光电源坚持"以人为本，安全第一，促进和谐发展"的方针，将员工的安全和健康放在首要位置。2023 年在职业健康安全方面的投入资金超 5600 万元。

　　公司不断推进 ISO 45001 的覆盖范围，持续优化安全管理模式，推动全员参与安全工作。公司建立覆盖全员的健康安全培训矩阵，包括中高层管理者、新任经理、新员工、专业技术人员、外包人员等，通过设定不同培训科目，增强安全意识和技能，包括环境、健康和安全（Environment，Health and Safety，缩写为 EHS）领导力与管理能力、通用安全培训、特种作业安全培训、职业接害岗位培训等。为提高 EHS 培训师资力量，制订专业赋能月度实施计划，根据业务需要开展不同主题业务能力强化训练。2023 年度，针对 EHS 风险识别中的高风险项和事故多发项，共开展 EHS 事故演练 110次，同比增长 144.4%，参训人数同比增长 170%。利用多种形式开展教育培训活动，包括线下培训、线上学习计划、座谈交流、场景体验等，确保教育培训效果。

　　在人力资源管理上，阳光电源坚持"下沉业务、走向国际"的原则，持续助力业务

发展走向成功。作为全球化企业，阳光电源重视员工多样性，致力于打造兼容并包的工作环境。公司坚持推行本地化用工政策，2023年外籍员工1287人，本地化雇用率达98.8%。

阳光电源坚持"全球绿色梦想，成就更好的我们"的雇主品牌理念，根据公司业务类别、运营阶段及关键战略举措，充分考虑公司战略规划和员工成长的个性化需求，为员工创造多样化的学习机会与平台，开发、制定、引进适合公司现状及未来发展需要的培训课程，加速员工成长，努力打造学习型组织。公司成立阳光商研院，聚焦公司高阶领导力的培训和发展，培养管理者战略洞察、经营管理、创新以及团队管理等能力。公司建立充分自由的内部轮岗机制，员工可通过内部招聘、转岗、借调等方式，拓宽个人实现自我价值的发展空间，更有机会参加海外轮岗计划，开阔全球视野。

此外，公司还不断完善硬件设施，策划多项文体活动，持续丰富员工生活，为员工发展兴趣、培养爱好，促进工作、生活平衡创造良好机会和条件。公司重视员工身心健康发展，开设心理咨询热线，帮助员工排解压力。公司还为特殊岗位员工设置探亲假，对患有重大疾病的员工进行经济帮扶。公司以敬人爱物、诚恳热情、细致高效的服务理念，按照月度/年度组织满意度调查，尽最大努力满足员工的个性化需求。公司还深入推广弹性工作制，营造灵活的工作氛围，激发员工的工作活力和创造力。

二、打造供应链绿色生态，引导守护美好环境

阳光电源不仅将绿色理念融入产品全生命周期，更以坚持引导供应链可持续发展为己任，鼓励合作伙伴积极迎接低碳转型，打造绿色供应链。公司将环境、社会和治理（Environment，Social and Governance，缩写为ESG）融入供应商全生命周期管理，成立供应链ESG管理团队，开展供应商廉洁建设、ESG审核与能力建设、冲突矿物管理，持续提升供应商ESG管理能力。

阳光电源积极开展ESG审核，审核对象包括准入阶段重点物料的新供方以及参加试点审核的重要合作供方。审核范围包括劳工权益、健康安全、环境保护、道德规范与管理体系。2023年全年，公司现场审核33家供应商，所有参与审核的供应商均已提交ESG整改计划，截至2023年年底，（经审核的）供应商整改进度达73%，其他不符合项风险均在可控范围内，并推动供应商持续整改。2023年年底，公司又引入第三方认证机构，重新梳理ESG审核标准，进行标准升级，完成后对内部审核员及供应商进行培训。

公司与供应商建立高效的双向沟通渠道，持续关注供应链管理的合规性和可持续性。在组织架构层面，公司专设供应商管理组，统筹供应商管理事宜，并就供应商管理工作情

况与计划，每半年向采购中心汇报，最高监管主体为董事会及总裁。公司建立并不断完善供应商管理体系，制定完整的管理制度，在供应商寻源、供应商准入与淘汰、供应商绩效评价、供应商沟通交流等环节设置严格规范的管理流程，以保障供应链全流程管理闭环。同时，公司制定《供应商可持续发展管理规定》，将ESG管理及现场审核、矿产供应链尽责管理、供应链可见性管理（包括追溯、供应链图谱等）、绿色供应链、碳管理等纳入供应商管理内容中，并逐步完善供应商可持续发展专项风险评估及可持续发展绩效评价体系。2023年，公司为了落实可持续发展战略，制定可持续供应链战略目标，涉及供应商ESG审核、供应链碳管理、供应链合规等工作。

同时，为满足当前公司业务快速增长背景下的供应链管理数字化转型的迫切需求，公司建立了SAP、SRM、PLM、MDM等多平台协同数字化管理体系，有效提高供应链管理效率。报告期内，公司通过该体系实现数据分析、实时监控、差异跟踪，及时发现各领域存在的问题与风险，同时实时跟踪并完成闭环，有效提升了供应链的管理水平。

阳光电源还助力汽车行业绿色用能与零碳转型，形成产业链协同优势。目前，奇瑞、蔚来、小鹏等众多汽车行业头部企业均已应用了阳光新能源的工商业光伏电站方案，形成以"造车+光伏"为核心的行业零碳解决方案。汽车行业生产制造车间大多采用柔性屋顶、彩钢瓦屋顶，另有办公楼平屋顶、新建/改造厂房等屋顶资源，且作为重工业，还面临工业电价高、拉闸限电限产等实际问题，阳光新能源峰谷需量PowMart智慧能源解决方案以智能削峰填谷、需量管理，全面匹配车企生产制造负荷曲线，实现智能化用能。同时，公司全力打造光储充解决方案，为企业构建完善的绿电生产、消纳生态。

三、公益传递大爱，共建美好生态

阳光电源还借助业务优势和资源，积极改善周边社区居民生活，切实履行企业的社会责任，努力回馈当地社区。为此，公司制定了《对外捐赠管理规定》，策划公益产品实施方案，从制度、流程、资源上赋能各业务开展公益志愿工作。

2023年10月，阳光电源联合大自然保护协会（TNC）、大熊猫国家公园德阳管理分局，在四川德阳大熊猫国家公园再种植100亩阳光林，并建造10个野生动物产崽洞。"阳光林"项目计划用5年时间种植500亩适生乔木和可食竹，重建生命廊道与生态修复，推进大熊猫栖息地修复，目前已种植200亩"阳光林"。此外，公司还发起"全球志愿服务周"，以"Go For Nature"为主题，每年在全球范围内开展生态环保类志愿服务活动，让大家用行动守护绿色环境，拥抱多彩自然，传递公益力量。截至2023年年底，公司注册志愿者已有1352人，累计志愿服务时长已达3442小时。阳光电源还积极参与社区活动，捐建阳光智慧教室、开展阳光小课堂新能源特色科普课程，助力少年儿童的成长与教育。此外，公司还设立阳光桑榆驿站，捐建村镇老年活动中心，关爱、关注农村孤寡老人身心健康，让老人老有所乐、老有所安。

同时，阳光电源围绕乡村振兴战略，积极响应绿色发展、节能减排等国家政策，通过村集体捐建光伏电站，助力村镇可持续发展。金昌市地处甘肃省中部，太阳能资源较为丰富，金川区双湾镇新粮地村委会资源条件良好，周围无遮挡，公司因地制宜，将村委会屋顶全部利用起来配置100.8kW的光伏电站，于2023年8月20日正式并网发电，发电收益将用于新粮地村养老院集中供暖、村里人居环境整治和改善等。

始终以领先行业的高标准要求自己

——专访阳光电源股份有限公司董事长曹仁贤

《样本》：阳光电源是新能源领域逆变器行业的龙头企业。市场赞誉公司是"习惯性优秀"。请您总结和分享企业的成功经验。

曹仁贤：绿色能源大有可为，唯有对赛道有足够耐心、专注并高强度创新，才能在行业发展的"变"与"不变"中把握好时机、抢占先机。从1997年到现在，阳光电源牢牢聚焦主业，一直围绕着如何给客户提供更优质的产品，如何服务好可再生能源行业，同时构筑好自己的"护城河"，不断迭代，持之以恒。只有核心技术的锻造和聚焦主业的持续创新，才有可能在未来取得较大的发展。

企业的成功在经营，经营的关键在管理，管理的基础在组织，组织能否胜出看人才。2023年我们发布了《阳光纲领》，从事业理念到战略思想，再到卓越组织以及卓越人才，最后实现精益运营，通过五个篇章来凝聚共识、对准路径、持续突破。

《样本》：作为专家型的企业家，请您具体谈谈科技创新对于企业发展的重要性。

曹仁贤：科技创新是引领企业发展的第一动力，也是发展新质生产力的重要前提。在企业的具体实践中，一是创新需要大力投入；二是创新需要聚焦，需要有深邃的洞察力，阳光电源始终聚焦新能源主赛道，以技术创新推动产业创新，在技术、产品、市场和供应链上纵深发展、做专做精；三是创新需要保持开放包容和生态协同，我们总结了自己上百个失败的案例，但我们从来没有因为创新失败处罚过任何人。我们积极与国内外知名高校和研究院所合作，共同开展技术研发和成果转化，通过共建实验室、自主命题、定向委托、揭榜挂帅等形式的产学研合作，加速科技成果转化，培养具有国际视野的创新人才，同时积极开展生态链、产业链合作，为新能源产业提供市场和创新创业的机会。

《样本》：目前，电力系统正沿着供给侧向需求侧的路径加快升级。请您为我们展望一下新型电力系统未来3~5年的发展预期，并分享公司的发展战略和规划。

曹仁贤：从发电结构看，新型电力系统是指从煤电为主的传统能源转向以光伏、风电等为主的新能源，未来电力系统将接入高比例的风光新能源，风光等波动性能源发电占比提升对储能等灵活性调节资源需求增加，富有弹性、灵活性的现代电力系统将更加可靠，预计全球未来几年光、风、储、氢的新增装机将快速增加，风光等能源将逐步向主力能源转变。

从能源场景看，未来新型电力系统将朝着多能协同互补、源网荷储互动、多元负荷融合等方向发展，风光互补、新能源+储能、新能源+氢能、风光水火储一体化等多元协同开发模式将不断涌现，电网结构将向"主干电网+中小型电网及微型电网"柔性互联形态发展，分布式电源、用户侧储能、虚拟电厂、车辆到电网（Vehicle-to-Grid，简称V2G）技术等将逐步推广应用。

公司将聚焦清洁电力领域，通过低成本创新和纵深发展，构建技术领先优势和品牌高势能，坚持"光风储电氢"核心赛道，持续深耕主业，加大创新力度，在电力电子、电网支撑及AI技术上纵深突破，打造一体化解决方案，追求更加卓越的客户体验，升级全球品牌形象，进一步加大全球领先优势。

《样本》：请问，公司在管理实践中是如何践行"创新尊重"的价值观，以推动公司的高效发展？

曹仁贤："创新尊重"是阳光电源的核心价值观之一，是我们"成长的路径和动力"。渴望成长的阳光电源人是我们最宝贵的财富，我们始终努力给予每一位伙伴充分的激励、赋能与尊重。

一是注重自主创新能力的建设。二是持续赋能内部团队，如通过"创新训练营"等培训活动，在产品技术创新、数字运营创新、商业模式创新和管理创新方面，探索新的思路和方法，解决实际问题。同时，致力于营造创新尊重、开放包容的组织氛围，鼓励全员创新，不仅鼓励颠覆式创新，也提倡微创新。充分授权给创新团队，给予更多资源支持，对于创新成果能够给公司、客户带来价值的团队或个人，及时给予认可与激励。

目前，阳光电源是一个国际化的团队，多元的文化和思想能够碰撞出更多的火花，我们以更开放的心态，求同存异，搭建文化交流分享的桥梁。组织内部提倡构建彼此信任、相互理解、真诚纯粹的人际关系，与全球阳光电源人一起携手，为"成就客户"而持续努力，共赴清洁绿色的未来。

《样本》：请您以企业家的视角，对长三角一体化在政策、产业、学界、资本市场、营商环境、基础设施等方面，提出发展建议。

曹仁贤：长三角是我国光伏新能源产业聚集区，营商环境不断优化，为民营企业提供了良好的环境。阳光电源立足长三角，在研发基地设立、产学研合作、营销体系建设等方面，已形成较好的布局。公司先后成立了上海、南京研发中心，并正在筹备杭州数字能源研发中心的建设，促进高水平人才的引育留用以及和业内合作伙伴的创新交流。公司与合肥工业大学、浙江大学、上海交通大学等众多高校已形成较为成熟的产学研战略合作机制，充分发挥各学校的领先学科优势，深入开展电力电子、人工智能、大数据等前沿技术的预研，积极探索下一代新能源技术方向，为公司可持续发展奠定了良好基础。阳光电源全球营销中心在上海虹桥落成，利用上海的地理和人文优势，充分连接合肥总部、产业园基地及全球众多分子公司、服务网点，进一步拉近阳光电源与全球客户的距离，加速公司的品牌全球战略落地。

　　未来，公司将继续推动区域内政策协同，加强跨区域政策沟通与协调，进一步优化营商环境，为企业发展提供长期稳定的环境。阳光电源将发挥长三角地区的科技、人才、金融等资源优势，促进产业链上、下游创新协同，提升产业集群整体竞争力，并大力发展绿色经济，实现产业的可持续发展。同时，加强区域内交通设施的互联互通，研究快捷通行机制。目前，交通还是不够便捷，特别是在高铁、轻轨、地铁转接方面，不够快捷便利，还没有形成即到即走的快速通行体系。阳光电源将为尽快形成长三角企业共同的 ESG 标准，提高长三角企业 ESG 治理能力，促进企业经营管理水平的提升，为长三角企业品牌在全球的影响力进一步提升作出自己的努力！

全球化与数智化：阳光电源的"发光"之道

近年来，在国家"双碳"目标推动下，中国新能源产业迅速发展，为全球节能减排和应对气候变化作出了积极贡献。如今，中国已经成为全球最大的新能源市场之一，新能源产业建立起了较为完善的产业链，涵盖了技术研发原材料供应、设备制造、电站建设、运营维护等多个环节，在世界范围内具有很强的竞争力。国际能源署最新发布的报告指出，2023年，全球可再生能源新增装机5.1亿千瓦，其中中国的贡献超过50%。中国孕育、产生了一大批新能源企业，核心技术先进、管理模式现代、战略路径清晰，阳光电源就是其中的优秀代表之一。

自1997年成立以来，阳光电源坚持以市场需求为导向，以技术创新为引擎，已经成长为全球新能源行业的领军企业。纵观其20余年的发展历程，有三条主线一以贯之，堪称其成功之道。

一、全球化

全球化是中国企业发展壮大的必由之路，只有融入全球经济体系，企业才能够真正做大、做强。全球化使企业有机会在世界范围内寻找更优质、更低廉的材料部件、劳动力和关键技术等资源，从而降低生产成本，提高竞争力。全球化还有助企业分散风险，通过在不同国家和地区开展业务，企业可以将风险分散到不同的国家和地区，从而降低单一市场或地区的经济波动对企业的影响。通过全球化，企业可以不断提高自身的技术和管理水平，增强国际竞争力，从而在激烈的国际竞争中立于不败之地。

阳光电源始终坚持全球化发展战略，目前已经建立了成熟的全球销售、服务网络。公司拥有20多家海外分（子）公司、85个全球服务中心，在120多个国家注册了商标，产品销往170个国家和地区。2022年公司储能系统出货量连续七年位居中国企业第一，并首次摘得全球储能系统出货桂冠。公司海外团队已经达到数千人，本地雇用率高达99.6%。一系列数据证明，阳光电源的国际化发展战略已经取得了明显的成效。

二、持续的科技创新

随着全球能源危机的加剧和环保意识的增强，太阳能作为一种清洁、可再生的能源，具有巨大的发展潜力。中国太阳能企业通过技术创新，不断提高太阳能的转换和利用效率，有助于减少对传统能源的依赖，降低能源消耗和碳排放，从而有效应对能源危机和环境问题。

科技创新是企业提升竞争力的关键。在全球化的背景下，太阳能行业的竞争日益激烈。中国太阳能企业只有通过技术创新，才能够开发出更加高效、可靠且成本低的太阳能产品和服务，提升在国际市场上的竞争力。同时，技术创新还能够增强企业的品牌影响力，为中国太阳能企业赢得更多的国际市场份额。此外，中国太阳能企业占领了行业技术的制高点，就可以参与国际标准的制定，在国际舞台上拥有更多的话语权。

阳光电源一直把科技创新当作发展的重中之重，不惜投入资金、资源去推动所在企业、所在行业的技术变革和升级。公司上万名员工中，40%是研发人员，累计获得专利权3592项，先后承担了20余项国家重大科技计划项目，并设立了中国合肥、上海、南京、深圳和德国、荷兰六大研发中心。

企业科技成果的突破，科技成果转化为现实的生产力，科创理念要先行。"尊重创新"是阳光电源的核心价值观，鼓励全员创新，不仅鼓励颠覆式创新，也提倡微创新。更为难得的是，阳光电源对创新失败的宽容和包容，正如阳光电源董事长曹仁贤曾在接受采访时说："我们总结了自己上百个失败的案例，但我们从来没有因为创新失败处罚过任何人。"

阳光电源持续完善研发组织架构、研发管理机制，对产品研发、工程设计、智能制造、数字化管理等流程进行创新，不断研发升级现有产品线，保持新产品迭代，为公司打造具有全球竞争力的产品和服务提供领先的技术支持。公司还设立了研究院，深入研究前沿技术，做好前期高价值知识产权布局和技术难点攻关。

另外，阳光电源非常重视科创生态建设，可谓是"抱团"创新。公司积极与国内外知名高校和研究院所合作，共同开展技术研发和成果转化，通过共建实验室、自主命题、定向委托、揭榜挂帅等形式的产、学、研合作，提升技术研发和科技成果转化的成功率。

三、数智化

随着数字技术的飞速发展，数智化转型成为企业提升竞争力的关键。通过数智化转型，企业可以引入先进的技术和工具，优化业务流程，提高生产效率，降低成本，从而在市场上获得竞争优势。

为了加快数字化战略转型进程，阳光电源内部成立了数字化变革管理委员会，制定长期数字化规划，推动公司从信息化向智能化迈进，打造在线、共享、透明的智慧系统，实现业务重塑和再造。随着人工智能的广泛应用，阳光电源引入AI和低代码分布式应用等技术，为业务快速赋能。同时，优化、重构各领域数字化平台，促进业务端到端实现透明、智能、增效。

面向未来，全球新能源产业的发展前景非常广阔，具有巨大的增长潜力和市场空间。随着技术的进步和政策的支持，中国新能源产业将继续保持快速增长的态势，为全球的碳排放和绿色发展作出更大贡献，为全球经济发展注入新的动能，包括阳光电源在内的中国新能源企业必将大有作为。

陆雄文　复旦大学管理学院院长
上海长三角商业创新研究院院长

第二章
"新基建"成就新经济
——普洛斯中国

长风破浪会有时

中国有着世界上规模最大、品类最全，同时也是最为复杂的供应链体系。改革开放以来，中国经济大踏步前进，经济总量连上新台阶，综合国力和国际影响力实现了历史性跨越。中国经济腾飞的历程，也是供应链建设发展的历程。特别是2001年加入世界贸易组织后，中国以更积极、主动的姿态参与经济全球化进程，加速科技创新、经济结构调整和产业升级。

普洛斯就是在这一时期来到中国，从物流仓储设施起步，积极参与中国物流及产业基础设施的开发、建设、运营与管理，长期服务从生活消费、生产制造到进出口贸易等与"双循环"紧密相关的供应链上的广大客户。与此同时，普洛斯凭借深耕市场的专业能力和开放协作的产业生态发展理念，助力中国现代物流业不断变革、高速成长。

当前，中国经济正处于高质量发展阶段，传统行业转型变革及新质生产力成为中国经济未来发展的主旋律，开创新局面的关键环节之一就在供应链、产业链。普洛斯的业务领域不只是仓储，多年来，公司聚焦于供应链、大数据及新能源领域新型基础设施的产业服务与投资，资产开发运营和资本循环形成强有力的闭环，驱动产业前沿创新，承载中国经济高质量发展。

凭借出色的基础设施资产管理运营以及相关的科技和服务，普洛斯中国与客户站在一起，与行业共同成长，致力培育和赋能新质生产力，成就现代社会高效的新经济；同时，亦因此而洞悉市场、跨越周期，向着未来行稳致远。

全球领先的产业服务与投资商

普洛斯GLP是全球领先的专注于供应链、大数据及新能源领域新型基础设施的产业服务与投资公司，业务遍及中国、日本、巴西、欧洲、印度、越南以及美国等17个国家和地区。

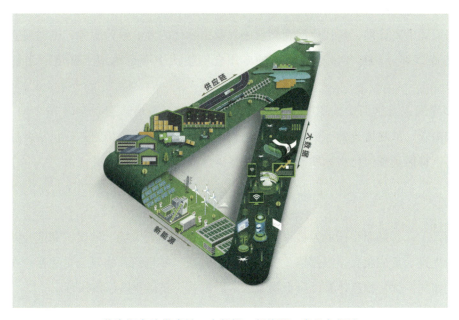

普洛斯专注供应链、大数据、新能源三大业务领域

普洛斯在中国市场的业务（以下简称普洛斯中国）最早始于2003年，始终致力于以更高能级投入中国新经济基础设施发展和相关产业服务。截至2024年5月，普洛斯在中国的70个地区市场，投资开发和管理运营着450多处物流仓储及制造研发等产业基础设施，可提供的数据中心IT负载超过1400MW，新能源累计开发规模超1GW。

一、深耕市场，以高标准现代化基础设施服务产业

中国加入世界贸易组织之后，越来越多的国际企业看好中国的市场规模、经济潜力，

纷纷进入中国市场。随之而来的是生产、贸易所产生的物流需求成倍增长。彼时，中国现代化物流才刚刚起步，仓储设施严重不足，也不符合外资品牌物流运营作业的需求。普洛斯敏锐地洞察到新兴市场的发展趋势，于2003年进入中国，在上海设立了办事处。

2003年非典疫情，影响波及亚洲多地，当时，外资企业普遍对来华投资持谨慎态度，地方政府在招商引资、提振经济等方面一时陷入困境。普洛斯坚定看好中国市场，逆势而上，积极推进与客户、上下游伙伴的合作，在2004年达成苏州工业园区的投资合作，开发建设并运营管理普洛斯苏州物流园。随后，普洛斯进一步发挥自身优势，凭借当时全球领先的仓储设施建设、管理水平以及全球客户网络，成功引来众多国际品牌入驻。随着客户的物流运营中心、区域配送中心落地，普洛斯苏州物流园也成为启动区域经济发展的引擎之一，推动整个工业园区欣欣向荣，迎来当地产业发展的新浪潮。苏州物流园拉动产业的示范效应，也开始成功在全国各大核心物流枢纽城市推广。

普洛斯凭借高标准、现代化的仓储设施以及国际化的专业运营服务，迅速建立起市场认知和行业口碑。2008年北京奥运会的专用仓储物流中心也落地于普洛斯北京空港物流园。

20多年间，普洛斯中国专注于打造领先的基础设施网络，遍布全国70个地区市场，围绕客户需求，从物流仓储、数据中心到新能源基础设施，原则始终如一，从设计、建设到管理运营都做到现代化高标准，树立智慧零碳标杆，引领行业前沿。

二、卓越管理运营，拓展产业未来想象空间

在硬件上，普洛斯中国的园区设施地理位置优越，临近机场、港口、高速公路，高标准、配套先进、形成覆盖全国网络，能够满足制造商、零售商、物流公司等客户在全国范围内起网布局，优化物流体系以降低物流成本的需求，获得业内一致认可。

在软件上，普洛斯中国围绕园区场景，实践"科技运营"理念，提供全生命周期资产管理服务，涵盖从园区规划设计、建设工程、招商租赁、运营管理到综合设施管理（Integrated Facility Management，IFM）、碳排放及能源管理等一系列解决方案。运用物联网、人工智能、机器人和大数据等技术，不断提高运营效率和服务水平，对资产进行一系列智慧化、数字化、零碳化升级，为客户、投资人持续创造价值。

借助硬件与软件的结合，普洛斯建立了优质而稳固的客户基础，高效地配置资本、运营管理资产，以领先的智慧化产业生态，不断升级发展，给产业未来带来更大的想象空间。

第一节 "筑巢引凤"，扎根实体经济

10年来，中国实体经济和数字经济高速发展。中国快递单量连年增长，从不足100亿件飞速攀升到1320亿件，进入市场稳定期后仍然高速发展，展现了又一个"中国速度"。物流成本占GDP的比重持续下降，从18%降到14.6%，释放了经济的活力和创新的机遇；快递耗时持续缩短，国内平均时效从一周缩短到48小时以内。

这"一升两降"的成果投射出中国发展的辉煌成就，而成果背后的依托则是中国拥有全世界规模最大、品类最全的制造业以及庞大复杂的物流系统。以现代物流、智慧制造为代表的基础设施是产业链供应链的底盘，在构建现代流通体系、促进形成强大国内市场、推动高质量发展、建设现代化经济体系中发挥着前瞻性、基础性、战略性作用。

一、产业基础设施承载产业转型升级

基础设施是经济社会发展的承载性要素。党的二十大报告指出，优化基础设施布局、结构、功能和系统集成，构建现代化基础设施体系。多年来，我国在产业基础设施建设上取得了一批世界领先的成果，包括但不限于重大科技设施、水利工程、交通枢纽、信息基础设施、国家战略储备等方面。从与老百姓生活息息相关的道路来说，就经历了"晴天一身土雨天一身泥"的泥巴路到双向多车道的水泥路的整体水平跨越式提升。

截至2022年年底，我国综合交通网总里程突破600万公里，公路总里程达到535万公里，其中高速公路通车里程17.7万公里。高速铁路、高速公路对20万以上人口城市的覆盖率均超过了95%。我国建成了全球最大的高速铁路网、高速公路网、世界级港口群，航空航海通达全球。中国高铁、中国路、中国桥、中国港、中国快递成为亮丽的"中国名片"。

新型基础设施是现代化基础设施体系的重要组成部分，同样呈现出良好发展势头。《数字中国发展报告（2022年）》指出，工业互联网已覆盖工业大类的85%以上，标志解析体系全面建成，重点平台连接设备超过8000万台（套）。数字技术和实体经济融合深入推进，全国工业企业关键工序数控化率、数字化研发设计工具普及率分别增长至58.6%和

77.0%。

作为数字经济发展的核心生产力，算力已成为国民经济发展的重要基础设施。我国数据中心机架总规模已超过650万标准机架，近5年年均增速超过30%，在用数据中心算力总规模超180EFLOPS，位居世界第二。

2022年12月，中共中央、国务院印发《扩大内需战略规划纲要（2022—2035年）》，系统布局新型基础设施。各地结合社会发展和产业需求，对新基建布局开展统筹规划。在加快建设现代化产业体系的新征程中，产业链供应链基础设施建设任重道远。

二、强链稳链，驱动经济高质量发展

建设现代化产业体系，是一个"立而后破"的过程。夯实现代化产业体系基底，加快传统产业转型升级，并不意味着抛弃传统产业，而是在确保传统产业在全球产业分工中的地位和竞争力的同时，积极探索高端化、智能化、绿色化发展新路径，以最低资源消耗、最优生产效率创造最大化社会财富。

对于产业链供应链基础设施建设而言，一方面，产业链供应链应整体统筹和规划，根据各地区资源禀赋和优势，优化产业链分工布局。另一方面，强化基础设施建设、运营水平，保障基础设施连通能力。比如，建设数字化工厂、数字化园区，用数据分析、云计算等方式部署更实时、更精准的生产流通策略。

2020年出现的新冠疫情，加之世界百年之变局加速演进，外部环境变得严峻复杂。疫情防控平稳后，我国经济处于"波浪式发展、曲折式前进的过程"，而世界经济增长动能不足，下行风险持续积聚，贸易保护主义升温、地区摩擦冲突不断，我国产业链供应链的韧性与安全水平越发受到关注。

同时，从客观上来说，我国基础设施同国家发展和安全保障需要相比还有所不足，全面加强基础设施建设，对保障国家安全、畅通国内大循环、促进国内国际双循环、扩大内需、推动高质量发展，都具有重大意义。

2012年全国共有各类物流园区754个，到了2023年全国规模以上物流园区超2500个，物流基础设施建设自身也已经从高速发展阶段进入高质量发展阶段。加快传统产业转型升级，不仅对物流及产业链基础设施自身的转型升级提出了要求，更是对其在提高物流集约化程度、转变物流运作模式、促进区域经济发展等方面发挥更大作用提出要求，促进消费性产业链的稳定，提升生产性供应链的韧性，从而推动传统产业向高端化、智能化、绿色化迈进，更好地服务我国经济社会高质量发展。

第二节 夯实产业底盘，打造新经济引擎

作为承载产业、服务民生的物流基础设施运营商，普洛斯中国持续投入，打造服务中国经济高质量发展的产业基础设施底盘，助力供应链产业链的安全与稳定，不仅顺应了时代的发展需求，也是对自身的提质增效。

从引领行业标准、树立行业标杆的现代物流基础设施、冷链基础设施，到先进制造工业园区和科创研发产业园区，再到积极响应工业用地集约化、大力支持区域产业升级和城市更新，普洛斯中国注重技术和创新，升级科技及服务能力，积极响应和支持各地政府对战略性新兴产业发展的规划，从功能定位、规划设计、建筑开发到运营管理，对产业基础设施全方位升级，已在北京、上海、苏州、西安等城市落地了一批支持区域产业升级的典范案例。例如，2023年5月开业的普洛斯东莞新沙物流园，原为当地旧食品生产厂房，经过重新定位、更新升级，开业出租率即达90%，其中不乏知名食品餐饮品牌、冷链物流及配套企业，有力地支持了当地特色食品饮料产业集群培育与结构性升级。

普洛斯东莞新沙物流园

不止于基础设施，普洛斯中国还以绿色、高效、智慧化为特色的产业服务体系，扩大了基础设施作为新经济引擎的推动力，为客户、投资人与合作伙伴持续创造价值，共同助力环境、经济和社会发展。

一、自研数字平台，精进智慧运营

科技感十足的幕墙建筑、专用的汽车研发测试道路、方便的充电设施……这是普洛斯中国为理想汽车定制的北京研发总部，包含研发中心、试制中心、造型中心和试验验证中心等四栋楼体。

普洛斯中国引领的行业定制开发能力高度契合了理想汽车对高标准产业基础设施的需求，助推客户业务高速发展。同时，该项目可与所在地北京市中关村顺义科技园区内其他高端装备制造、新一代信息技术、新材料等产业上下游企业进行资源联结，有力地支持了顺义区汽车产业加速实现从"制造、销售"到"高端研发、制造"的转型升级。

这只是普洛斯中国聚焦服务智能制造产业的一个案例。为满足经济高质量发展、产业结构升级和土地集约利用的要求，新一代普洛斯产业园从特色化、数智化、集约化、人文化、生态化等维度向"新型基础设施"转型发展、迭代升级。

"外劲"刚猛，普洛斯中国的"内功"也没有落下，科技运营、数智运营理念贯通于普洛斯中国运营业务的方方面面。以物流园区为例，区别于传统物流不动产的物业，普洛斯中国充分发挥科技运营能力，立足园区人、车、货、设施、设备、空间、资金、能源等运营维护八大要素，围绕从规划期、建设期、运营期到处置期的资产全生命周期，构建起多层次的服务体系与资产运营管理能力。

普洛斯中国自主设计的资产数字化运营底盘和智能化应用系统平台，全面覆盖在全国已运营的450多个物流及产业园区，以数字化、智慧化技术提高资产管理运营效率。运营中心可以实时掌握园区信息，基于数据做出精准决策。通过数字化，联通业务环节，整合园区运营流程体系，实现对园区现场运营管理的标准化、可视化、智能化。

实践测算得出，该系统为园区业主在智慧化建设方面节省成本达40%，增值服务创收提升15%。对在园区运营的客户来说，有案例表明，通过科技运营能够让运营成本下降15%，车辆通行效率提高60%。对于有的园区租户，通过数字化月台和智慧场站调度系统，月台利用率提高20%，能耗支出下降10%。

普洛斯数据中心还自主研发了面向多数据中心的中央统一管控平台GLP DCBASE，采用业内领先的中心化管控模式，深度结合数字孪生技术与AI算法模型，整合数字化监控和智慧化运维，实现了对数据中心机房内动力、环境、安防等方面的整体智慧化管理。

普洛斯新能源致力于推进智能运维在电站中的应用,通过自主开发的数智化运维管理平台,实现"大数据平台+集约化管理",开发智能诊断、故障预警、辅助决策等功能,对新能源电站的生产、检修等进行把控,切实提高新能源电站生产运维管理水平,最终实现"无人值班、少人值守、集中监控、智慧运维"的生产管理模式。

多管齐下,普洛斯中国围绕效率最大化、功能多元化、园区智慧化等产业园区科技创新需求,开展了诸多具有前瞻性和引领性的实践。未来,普洛斯中国会继续提升新经济服务能级,携手客户共同助力产业集群跃升发展,将园区打造为推动区域创新产业发展、经济转型升级的重要引擎。

二、以资产管理运营为核心,不断创造价值

2023年12月普洛斯在中国的资产管理规模约780亿美元(包含普洛斯与招商局集团共同管理的招商资本资产管理规模,按权益比例计入),在中国境内外募集并运行20多支专门投资于中国的私募不动产及股权投资基金。

通过设立基金管理平台,将基础设施开发、运营和基金管理三项业务连接起来,普洛斯中国以资产管理运营为核心的业务模式高效稳健。当产业园区进入稳定运营状态后,基金管理部门将成熟物业置入基金,兑现开发收入和开发利润,并回笼大部分资金,普洛斯中国又将这些资金用于开发新项目,资本的加速循环推动基础设施资产的投资管理形成规模化发展。

2023年,普洛斯完成多支基金募集,主要投资于服务信息技术、高端装备、新材料、生物医药等中国经济升级转型重点领域的先进制造产业园及仓储物流园。通过精细化的产业运营,普洛斯中国将驱动资产持续增值,支持区域工业用地集约化转型、产业升级与城市更新,助力实体经济高质量发展。

同时,普洛斯中国积极响应国家战略,全力参与基础设施领域投融资机制创新。普洛斯不动产投资信托基金(REIT)是中国首批基础设施公募REITs之一,也是上海证券交易所首支"仓储物流类"基础设施公募REIT。2023年6月,普洛斯REIT成为首批完成扩募的基础设施公募REITs之一。

2023年,普洛斯REIT主动把握新经济行业的需求,成功吸引生物医药、跨境电商、新能源相关企业入驻,租户结构更加多元化,集中度低、结构稳定,其中,普洛斯顺德物流园、普洛斯增城物流园、普洛斯江门鹤山物流园持续保持满租。

自上市以来,普洛斯REIT已进行7次分红,累计分配金额约7.67亿元,分红比例约占上市以来可供分配金额的100%,为投资人提供了长期、稳定的回报。

在新型工业化、新质生产力加速发展的背景下，普洛斯中国将继续凭借专业的资产投资和运营管理能力，持续打造物流及产业基础设施行业标杆，高效服务客户，为投资者创造长期价值。

三、零碳实践标杆，推动绿色未来

ESG理念在2004年由联合国全球契约组织（UNGC）首次提出，逐渐成为一种国际公认的企业可持续发展理念，是增强企业同各个利益相关方有效沟通的桥梁，正成为当今衡量企业价值的新型工具。其核心理念也与中国2030年"碳达峰"与2060年"碳中和"的目标高度契合。

上海普洛斯宝山物流园智慧零碳标杆

为物流和数据中心客户提供可再生能源的能力，是普洛斯中国的独特竞争力之一。普洛斯中国很早就将ESG理念贯穿于投资开发、建筑设计、施工建造、管理运营、再开发等资产全生命周期的各个环节，持续在园区推行智慧化、零碳化实践。

低碳道路上，能源转型势在必行。普洛斯中国在物流园及产业园加大清洁能源应用。例如，在园区部署屋顶光伏发电系统，配套储能设施、充换电基础设施等，让新能源成为园区的标配，助力节能减碳。同时，还通过应用节能环保技术、智慧化碳排放管理系统，打造智慧零碳解决方案等数智化手段，持续推动园区实现精细化运营、节能减排、降本增效。大力推广绿色租约，即与客户在园区租赁合同的基础上优化增加ESG相关条款，推动园区租户使用低能耗设备、采取节能举措，以更为绿色的方式高效运营。

在此基础上,普洛斯中国还启动全生命周期分析及建筑隐含碳计算,不断推动物流及产业基础设施零碳化。普洛斯中国资产平台还联合上海市建筑科学研究院完成了一项全生命周期建设隐含碳的研究。基于普洛斯中国建设完工的7个不同类型的物流园区建筑,涵盖不同地理位置、楼层、施工技术方案等因素,完成建设隐含碳的基本碳排放参数设置,并结合国际和国内规范要求制定了集团建筑隐含碳计算标准及方法学,提升隐含碳计算可比性。从2023年开始,普洛斯全球及中国的所有新建项目都将出具全生命周期隐含碳的数据报告,以便更精准地实现减碳目标。

在物流基础设施领域成功经验基础上,普洛斯中国在新能源领域业已建立起专业的团队,提供绿色能源从项目建设投产、资产运营管理到绿证交易等的一系列解决方案。结合科技赋能的智慧化、数字化资产运营管理以及新能源领域的产业生态优势,普洛斯中国携手客户及合作伙伴,加速产业脱碳转型,共同迈向"双碳"目标。

第三节 深耕中国市场,坚持长期主义

巴菲特有一句投资名言:诺亚不是在暴雨降临时才开始建造方舟的。

无数的著名老牌企业都是长期主义的坚守者,尽管它们对长期主义的定义和理解各有千秋,但无一例外都将长期主义作为价值观、方法论,并融入企业的经营与文化中。越是在经营困难、经济下行时期,越要坚持长期主义。

普洛斯中国始终坚持长期主义,深耕中国市场,以务实谦逊的态度做好经营和服务,以超越时间维度、同类竞争的维度看行业,抓住市场变化,找到新的增长点,以更大能级服务新经济产业发展。

2023年,普洛斯中国新开工面积超过了200万平方米,新交付面积超300万平方米。普洛斯对中国市场中长期前景持续看好,未来普洛斯在中国的资产管理规模还将不断扩大,资产管理运营的业务模式还将进一步发展。普洛斯中国将持续发挥专业化的产业服务优势,打造服务中国经济高质量发展的产业基础设施底盘,为经济转型升级增添强劲动力。

一、互联畅通的双循环

一直以来，普洛斯致力于将全球资本"引进来"。进入中国市场21年，普洛斯年均投资逾20亿美元。2023年，普洛斯及其管理基金对中国市场的新增资本额达30.3亿美元。

普洛斯充分利用国际视野和影响力，尤其是长期服务国际投资人的专业能力，成为全球专业机构投资人投资中国的桥梁和纽带，致力于搭建链接全球资本投资中国、增进沟通交流的平台。2023年10月，普洛斯旗下投资及资产管理平台普洛斯资本GCP在上海举办的普洛斯中国离岸基金投资人大会，汇聚了20多家海外投资机构，以及经济学者、行业专家、企业客户和普洛斯生态企业等近百位嘉宾，交流分享全球及中国宏观经济、中国物流行业趋势、ESG及智慧物流等投资人关心的议题。

同时，普洛斯的物流及产业基础设施遍及全球17个国家和地区，海外仓可协同面积超过3000万平方米。普洛斯在中东欧的波兰、捷克、斯洛伐克和匈牙利等共建"一带一路"国家管理和运营超过30处高品质物流仓储设施。普洛斯充分发挥全球基础设施网络和生态资源优势，帮助中国企业"走出去"。比如，普洛斯中国服务顺丰、遨森电商等中国跨境电商、物流供应链企业及品牌商，助力其拓展海外运营网络。

普洛斯德国汉堡物流园

通过隐山资本、母基金等私募股权投资平台，持续赋能被投企业发挥中国供应链优势，抓住全球市场的新机遇，加速中国商品、中国制造出海，实现国内国际更高质量的联通发展。

比如，隐山资本投资的振华重工所属Terminexus积极打造工业互联网专业平台，通过网络整合能力为全球用户提供完善高效的备件服务支持。Terminexus依托于覆盖全球主要港口的工业品云仓体系及智能仓储管理系统，构成全球工业品供应链的核心节点，为搭建全球工业品供应链体系奠定了基础条件，助力中国工业品出海。其港机数字化供应链业务已覆盖全球100多个国家和地区，进入59个共建"一带一路"国家，形成了较好的港口机械工业品行业生态和业务应用场景。

二、开放创新的新质解决方案

"在真实的生活中，战略其实是非常直截了当的，你选中一个努力的方向，然后不顾一切地实现它罢了。"被誉为"20世纪最佳经理人"的通用电气前首席执行官（CEO）杰克·韦尔奇如是说。

普洛斯中国抓住不确定中的"确定性"，20多年来专注于围绕供应链、大数据、新能源三大业务领域。对于已经证明成功的商业模式加大投入，持续强化核心竞争力。这样长期运营、为客户长期服务的模式，注定了普洛斯中国不是单打独斗，普洛斯中国"必须跟客户站在一起，必须和行业站在一起"。

普洛斯在构建引领和汇聚物流新模式和科技创新平台的进程中，始终以开放的姿态，分享内外部资源，积极打造领先的产业发展生态体系。

普洛斯中国通过举办创新加速营、拓展海纳创新联盟、就专业主题发布分享行业白皮书等形式展开多层次的赋能。2023年7月，普洛斯海纳开放创新中心举办的"创新引领运营智能化与绿色化"主题活动，有9家优秀初创企业分享了仓储数字孪生、柔性机器人、灵活供应链计划等技术方案。普洛斯已经成功举办两届创新加速营，共有20多家优质创新企业获得了由普洛斯牵头提供的资源支持，业务取得了长足的发展。秉持"海纳百川、开放共赢"的理念，未来普洛斯中国将继续发挥生态协同的优势，携手各方合作伙伴，驱动更前沿、更开放的创新。

不管是选址、资金的投入，还是做资源匹配和规划设计，普洛斯中国都根据合作伙伴不断变化的需要做好匹配，而这又要求普洛斯中国深入了解客户的发展战略和规划，不断地提升和建设自身。

致力于确保高标准的公司治理，是普洛斯中国一贯以来的追求。在道德规范与商业行为准则、信息安全、供应商管理方面加强落实并持续提升，在公司业绩、可持续发展和利益相关者之间取得平衡。

人才是公司建设的决定性因素，普洛斯中国将人才视为最重要的资产，致力于打造具有包容性和支持性的工作环境，与每一位团队成员携手前行，互相推动，共获成功。普洛斯中国在人才发展上持续投入，通过全方位的职业发展体系，为人才提供广阔的成长空间。不断推动组织创新，充分利用数字化创造更开放的、高效的工作环境，赋能人才发展，成就共同的事业。同时，为全社会可持续发展创造更大的价值，践行"信任、成长、创新、分享"的员工价值主张，全方位吸引和培养更多的优秀人才，聚成非凡。

在创造经济价值的同时，普洛斯中国亦注重践行企业社会责任，大力回馈社区。通过组织员工参与志愿服务，与学校合作开展公益社团课，持续增强与园区租户、周边居民的互动，为各地应急防灾贡献力量，共建美好和谐社区。

在进行城市更新项目设计及改造的过程中，普洛斯中国不仅提供了高标准基础设施和商业配套服务，还致力于塑造出一个舒适、人文、包容的园区环境。例如，普洛斯环普苏桐112国际科创园改造时，为入驻企业提供花园式低密度办公空间以及完善的商业配套设施，并设计了开放式的广场、露台、景观阳台和架空花园，为园区办公人群和周边社区居民提供了交流和休憩空间。普洛斯华成智能制造科技产业园通过上门走访问需，组织企业交流活动、落户政策答疑会、文体赛事等运营服务，搭建专业交流互动平台，营造了舒适和谐的园区环境。

携手员工、客户、投资人、各方合作伙伴，普洛斯中国打造开放共赢的创新大生态，充分发挥彼此的优势，并通过从中汲取企业长效发展的原动力。当客户群体越来越大、服务的客户门类越来越多后，鉴于客户的发展迭代，深度参与其中的普洛斯中国也在思考如何相应地迭代。长年积累下来，普洛斯中国对行业有了更深刻的理解，对于行业的理解和洞察力越来越强，从而更坚定地乘风破浪，行稳致远。

企业家专访

创造更大经济、环境以及社会价值

——专访普洛斯资产中国区联席总裁赵明琪

《样本》：从供应链到大数据、新能源，普洛斯中国聚焦于新型基础设施，同时又积极探索新领域，普洛斯的发展逻辑是什么？

赵明琪：普洛斯创始时即立足物流及产业基础设施，围绕客户和产业需求，服务政府规划，做到行业领先。探索新的业务领域也是如此，在充分利用多年深耕市场累积的能力和专长基础上，积极服务客户和产业发展需求，支持政府规划落地。

选择进入数据中心领域，是因为该业务发展需要的资源和能力禀赋，包括来自电商行业的客户基础，甚至在投资人方面，投资机构中负责投资数据中心的团队等，都和物流基础设施业务有很大的重合。一个是数据的仓储计算，一个是货物的仓储配送，数据中心和仓储设施在投资管理和开发建设方面也有很多可以借鉴和利用的经验。把物流基础设施方面积累的经验和能力应用过来，我们已经具备很多在该业务领域取得成功的要素，很快就建立起数据中心业务领域的核心能力和市场地位。

我们开展新能源业务也是基于同样的逻辑，数据中心需要绿电支持，同时物流行业对于节能减排的需求也很大，从客户的需求出发，我们预见到能源转型带来的巨大需求，并且利用自身管理资产拥有的屋顶等资源的优势，从屋顶光伏切入，并在此基础上逐步进入集中式光伏、风电、储能、碳管理等领域，为"双碳"目标的实现贡献一分力量。

普洛斯深耕市场，洞察客户需求变化，始终依托核心竞争力在具有相对战略优势的基础上拓宽业务领域，并在该领域达到一定规模后深度投入、推动创新，驱动产业发展。

《样本》：作为"新基建""新经济"领域资产管理行业头部，普洛斯是如何穿越经济周期的？请分享您的心得与经验。

赵明琪：普洛斯是专业的投资、资产管理和产业服务公司，穿越经济周期的秘诀，可以说首先是长期主义，找到不确定中的确定性，并且有战略定力聚焦、深耕。其次，我们在规模化的基础上形成了生态化的服务能力，很多时候能为客户提供独有的价值。

比如，面对经济发展的新阶段、区域经济新需求，以及不同产业客户的新迭代周期，我们面向客户的团队一直深入一线，紧跟市场，打造全方位的产业服务能力。不论客户群体是从传统的合同物流到快递快运，再到如今越来越多的跨境电商、生鲜冷链、新能源供应链企业，我们的服务能力从物流仓储空间租赁延伸到定制开发、科技运营服务，再到绿色建筑、碳排放和能源管理、新能源乃至绿证解决方案等，在不同维度和层次，均能通过不同的生态平台与客户展开深度合作，满足客户运营的全方位需求。

此外，普洛斯不单单是基础设施，旗下还有私募股权投资板块，参投了领先的物流公司及产业上下游相关领域，比如物流科技、中央厨房、生鲜冷链、跨境出海平台，等等。这些股权投资，让我们对所投企业或所处的赛道有更深入的理解，包括产业未来的方向、所处赛道的竞争格局等。这也有利于我们回过来持续思考和调整如何做选址、如何确定目标客户，对资产管理运营的未来趋势有更清晰的认识和预判。先人一步，才能跨越周期。

《样本》：在高速发展的过程中，普洛斯如何确保人才团队建设的速度和质量？

赵明琪：普洛斯吸引、支持并培养富有远见、擅长实践的行业专家，在供应链、大数据及新能源领域，从新型基础设施的投资管理到相关产业服务，普洛斯的人才发挥才华、收获成长、推进变革，致力于成就现代社会更高效的新经济。

人才是普洛斯最重要的资产。普洛斯为拥有实干精神、勇于开拓创新的人才提供前景广阔的职业发展平台与积极高效、富有活力的工作环境。

首先，我们有完善的培训体系，提供跨越不同业务平台的同事一起学习和分享的机会，在专业知识、职业技巧、管理能力等方面为人才提供全面的指导与助力。2023年，员工参与通用技能及领导力培训超1300人次，参与跨平台培训和分享活动超1.4万人次，内外部讲师达到50余人。普洛斯还广泛邀约商业领袖、权威专家、创业翘楚等各领域大咖，从自动驾驶技术到数字供应链趋势，从数字金融到科创孵化，助力普洛斯人提升深度专业能力，拓宽跨界创新视野。

其次，我们十分重视领导力培训，搭建了以管培生项目（MT）、高潜人才发展项目（HPT）和领导力发展项目（LDP）为核心的领导力梯队培训框架，关注员工在不同发展阶段的能力要求。通过课程学习、经营沙盘模拟、管理层战略研讨及外部优秀企业参访、研学等手段，提升员工战略规划能力、经营思维及领导力。

同样十分重要的是普洛斯提倡"相互成就、共同成长、共享成果"的文化。同事之间分享专长、传授经验，以及资深员工辅导、提携新同事的氛围浓厚，这也为新晋人才的高效发展、快速成长提供了优质的环境。普洛斯致力于打造学习型组织，助力人才成为终身学习者。

《样本》：普洛斯是怎样将可持续发展及ESG理念融入资产管理与运营的？

赵明琪：2023年，普洛斯ESG表现优秀，我们大力布局新能源，推进能源转型，助力客户和合作伙伴实现其环境承诺；推动行业和经济发展，成为支撑社区和社会实现美好愿景的中坚力量；依托产业底盘，以算力资源和绿色能源为核心要素，围绕行业洞察孵化和支持产业前沿技术突破和创新，促进新质生产力发展。

企业的ESG表现，不仅直接关系到自身的长期价值，更是其助力实现产业和经济、环境和社会可持续发展的关键。首先，ESG贯穿我们的业务决策流程，是市场拓展以及产品和服务创新过程中的重要考量因素。

举例来说，我们不断细化并扩充《普洛斯可持续资产手册》，在2023年还新发布了可持续采购政策、可持续开发指南、建筑全生命周期评估指南、EHS管理手册、园区绿色运营指南以及负责任投资政策，在ESG体系与政策管理方面持续更新并提升。该手册作为重要ESG指导文件，将ESG理念更明确、细分地贯彻到资产收购、开发、设计、采购、施工、运营、重建的全生命周期各环节，对管理过程中内部需采取的政策及措施进行阐述，提供可参考的行动指南。

其次，普洛斯致力于在ESG各个方面的实践上引领行业，承担起行业龙头企业的示范效应。比如，在零碳化方面，我们已经有了长期的实践，贯穿在资产投资、开发、建设、管理运营的全生命周期中。2023年，普洛斯全球启动了"净零碳"计划（Net ZeroAmbitions）的制订工作，在智慧零碳资产运营的基础上，还开展资产全生命周期隐含碳研究，深入到建筑环节，力争更系统地减少新建项目的隐含碳排放。在中国，我们联合上海市建筑科学研究院开展了一项全生命周期（LCA）建设隐含碳的研究，完成了物流园区建设隐含碳的基本碳排放参数设置，制定了集团建筑隐含碳测算的方法论、计算标准和工具。同时，持续优化绿建认证内部流程，加强跨部门沟通，不断推进绿色建筑目标落实和提升。自2022年起，普洛斯中国100%的新建物流及产业基础设施将达到可持续建筑认证标准，并致力于获得最高等级绿色建筑认证。

更为重要的是，我们结合科技赋能的智慧化资产运营管理以及新能源领域的产业生态优势，携手客户、合作伙伴、产业链上下游，加速产业脱碳转型，共同迈向"双碳"目标。比如，推动和影响越来越多的租户签订绿色租约，在原有标准租赁条款上，优化增加ESG相关要求，包括建筑改造、日常运营、废弃物管理、设施设备使用等方面的环境指标，鼓励租户在日常运营中更加环保、注重健康安全、使用高效节能设施。截至2023年年底，普洛斯已与租户累计签署超过3500份绿色租约。此外，我们的风电项目成功申请绿色电力证书交易凭证，让一家头部汽车客户在其租赁的普洛斯仓库内运营实现2023年

100%使用绿电。

基于清晰的ESG战略及落地实践，普洛斯在2023年获得了多项由权威机构、行业协会和重要媒体颁发的ESG认证及奖项，包括全球不动产可持续标准（GRESB）"绿色之星"认证、PERE全球大奖"亚洲最佳ESG机构"、彭博绿金（Bloomberg Green）大中华区ESG 50"年度受关注企业"、全球杰出雇主调研机构（Top Employer）"2024中国杰出雇主"认证等。

对于普洛斯来说，ESG不仅是我们遵循和贯彻的管理和运营原则，更是我们最为重视的商业准则，是普洛斯商业模式的核心。我们关注和服务客户、合作伙伴、投资人以及产业链条上各方的利益和目标，致力于推进"净零碳"，让社会和民生更和谐、更美好。

聚焦新型基础设施，推动行业创新变革

新型基础设施是以新发展理念为引领，以技术创新为驱动，以信息网络为基础，面向高质量发展需要，提供数字转型、智能升级、融合创新等服务的基础设施体系。《中华人民共和国国民经济和社会发展第十四个五年规划和2035年远景目标纲要》提出，围绕强化数字转型、智能升级、融合创新支撑，布局建设信息基础设施，融合基础设施、创新基础设施等新型基础设施。新基建不仅代表着巨大的投资需求和消费需求，还引领产业前沿布局，对中国经济的高质量发展有着重大意义。

就企业而言，其发展质量不仅取决于人力资本和技术发展水平，还取决于所在区域的发展前景以及企业的价值导向。管理学大师彼得·德鲁克认为，企业的目标不仅是创造利润，还要放下对自我的关注，追求对社会的价值，在推动社会发展的过程中实现企业与社会的共同发展。可以说，本土企业既推动了我国经济的发展，又是我国经济发展的直接受益者。在我国寻求产业升级、经济高质量发展的背景下，本土企业更要把握机遇，主动寻求更高效、更环保，能带动更多人共同富裕的发展模式。

在过去20多年间，普洛斯中国秉承创业精神，不断创新，为我国物流业的发展作出极大的贡献，并在多元的宏观环境下，用自身的行动支持我国的经济发展。在相关产业和新的市场，普洛斯中国也继续深耕新型基础设施建设，持续推动行业变革。其打造的高质量、高效能现代化物流仓储设施、产业园区及供应链服务，正在为科技转化、战略性新兴产业和未来产业赋能，并且在多个枢纽市场成为新能源汽车、光伏、工业机器人等高科技行业的发展高地。具体而言，普洛斯中国将战略聚焦于物流科技、绿色能源和智能算力三个领域。

在物流科技方面，普洛斯中国通过隐山资本和母基金管理平台等股权投资机构，立足于极具前瞻性的产业洞察与投资布局，协同普洛斯全球业务网络和生态体系资源优势，支持创新企业的高速成长与发展壮大，特别关注那些以物流供应链产业生态圈为应用场景的人工智能物联网（AIoT）、智能机器人、新能源等科技企业。通过持续开放场景、分享资源、共创成果，发挥生态协同的优势，普洛斯中国为创新企业提供规模化、多元化应用场景，已在支持前沿技术落地、迭代及转化方面取得优异的成绩，形成了行业性的影响力。

在绿色能源领域，普洛斯中国大力发展新能源，在风光电、储能、氢能、能源科技等领域为战略性新兴产业和未来产业赋能。普枫新能源是普洛斯中国旗下分布式新能源业务之一，截至2023年年底，已在全国40多个用电需求强劲的核心城市稳定运营分布式光伏发电项目，累计开发规模超过1GW，实际并网运营已达900MW，开发及并网规模均在行业内领先。其提供的分布式绿色能源解决方案已落地普洛斯中国遍及全国的160多个园区，成为普洛斯中国园区持续推进零碳化运营的标准配置之一。2023年，普枫新能源新增装机量约210MW，全年发电总量达6.8亿kW·h，相当于减少了近40万吨二氧化碳排放。

在智能算力方面，普洛斯中国认识到，在产业转型和AI赋能的推动下，各行业对数据和算力的需求都呈指数上升的趋势，数据中心作为数字时代重要的算力基础设施，承载着为实体经济数字化升级发展、提供硬件支持的重要使命。因此，普洛斯中国在重庆、武汉等中西部地区国家算力枢纽节点提前布局，建设高等级数据中心，承接东部算力需求，促进东西部算力资源优势互补和数据资源汇聚流通，推动中西部地区数字经济发展，支持构建国家算力网络体系。普洛斯数据中心在规模、效率和科技创新领域不断投入，在生成式人工智能（AIGC）时代提供高算力、高稳定、高安全、绿色低碳的算力服务。

普洛斯中国的发展轨迹与我国经济的增长密切相关。过去，普洛斯中国建立起遍布全国的物流基础设施网络，树立现代化高标准仓储设施标杆，在我国电子商务迅猛发展的趋势下，为众多企业的发展和群众的生活提供便利。当前，普洛斯中国聚焦于物流科技、绿色能源等领域，希望通过专业高效的投资与运营，提供系统性解决方案，驱动产业的前沿创新，为经济发展注入绿色新动能，并在推动新质生产力发展、为人们创造更美好生活等方面贡献自己的力量。

未来，伴随国家的繁荣和行业的发展，相信普洛斯中国将继续践行社会责任，在为社会创造价值的同时，实现自身的成长。

赵曙明　南京大学人文社科资深教授、
商学院名誉院长、行知书院院长

第三章
中国式智慧引领全球零碳未来

——远景科技集团

因挑战而伟大

借太阳之能，地球孕育出自然万物，风能、光能、水能、煤炭、石油、天然气，等等。人类用智慧探索出对能源的应用，在生灵万物中脱颖而出，繁衍生息，产生文明。而中华文明作为这颗星球上唯一没有中断的人类文明，其核心便是"天人合一"，人与自然本是一体，尊重自然规律、与自然和谐相处才是长久之道。

这一切因为工业革命的到来而发生改变。当能源从柴火走向煤炭，蒸汽机输出动力给轮船、火车、生产机器，工厂得以出现，人类的第一个工业体系因煤炭而诞生。2020年，地球大气中二氧化碳的浓度达到了417PPM，而上一次达到417PPM是在400万年以前。如今，气候变化已经成为全人类面临的最大挑战，实现碳中和目标、减缓升温已成为全球共识。但早在全球变暖议题初登历史舞台的2007年，公司创始人张雷就以"为人类的可持续未来解决挑战"为使命，创立了远景科技集团。

作为一家全球化的新型能源系统技术企业，远景科技集团旗下拥有智能风电、智慧储能系统技术和绿氢解决方案公司远景能源、智能电池企业远景动力、开发全球领先智能物联操作系统的远景智能，管理远景—红杉百亿碳中和基金的远景创投。远景科技集团将持续推动风电和储能成为"新煤炭"，电池和氢燃料成为"新石油"，智能物联网成为"新电网"，零碳产业园成为"新基建"，同时培育绿色"新工业"体系，开创美好零碳世界。

一路走来，从10人创业团队到财富杂志"改变世界的公司"全球榜单第二位、《麻省理工科技评论》2019年全球"50家聪明公司"榜单前十。璀璨群星中，这家企业从一束微光、一把火炬，成长为一座灯塔，正在以"正心正念"的中国智慧，引领全球企业通往零碳之路。

零碳革命的英雄之旅

既然历史上每一次能源革命都在推动一场新的工业革命，那么，可再生能源革命也必将推动一场绿色工业革命。能源的生产正在发生革命，风电、光伏、储能成为"新的煤炭"，氢燃料和动力电池成为"新的石油"，智能物联网成为"新的电网"。这便是"挑战者"远景科技集团（以下简称远景科技）选择的星辰与大海。

一、挑战红海：差异化布局智能风机

根据权威能源咨询公司伍德麦肯兹发布的最新报告，隶属于远景科技的远景能源在2023财年以创纪录的22GW新增风机订单位居全球风电整机商榜首，占全球新增市场份额的14.2%。此外，在彭博新能源财经发布的2023年全球风机新增吊装排名榜单中，远景能源以15.4GW的新增装机容量超越维斯塔斯，斩获全球第二的成绩。这些成绩不仅巩固了远景能源在风电和清洁能源行业的全球领导者地位，更意味着作为新质生产力代表的远景能源已站在全球清洁能源的舞台中心。

远景能源海上智能风机

2023年年底，在粤港澳大湾区，首个百万千瓦级海上风电项目全面建成投产。其中，迎风旋转的超级"大风车"里，就有来自远景能源的14MW风机，最大的叶轮直径达到252米。它转上一圈，发电量就足够一个三口之家用一周了。2024年年初，远景能源制造的全国首台"碳中和"海上大兆瓦风机在射阳港低（零）碳产业园正式下线。

远景科技在进入风电领域之初便创造性首推"智能风机"新概念，而后又推出了全行业首台低速风机，以行业黑马之姿在全球市场与GE、维斯塔斯等老牌企业一争高下。正如远景能源全球副总裁兼远景印度董事长徐刚所言："我们是'追风者'，致力于帮助所有国家和地区得到绿色清洁、人人支付得起的能源。"这正是作为绿色科技企业和风电行业的"长跑者"远景能源致力于为全球零碳转型贡献中国智慧的真实写照。

二、挑战未来：以科技打造零碳生态

胡润研究院发布的《2024全球独角兽榜》中对远景能源给出的估值已达到了850亿元。远景科技的商业版图起步于智能风机，但不止如此，其旗下的另外两家公司，也同样榜上有名：主打动力电池与储能电池的远景动力，运营"能源互联网"的远景智能，它们的估值分别为675亿元和255亿元。

为快速布局储能产业，远景科技牵头的财团在2019年收购动力电池企业后成立远景动力，如今已拥有了包括奔驰、宝马、日产、本田、雷诺等在内的众多头部客户。同时，快速拓展储能市场，与富朗世（Fluence）、普威（Powin）等头部储能集成企业达成合作，产品交付中国、美国、欧洲、新加坡等国家或地区的200多个智慧储能项目。

2017年远景智能成立，总部设在新加坡。远景智能打造了AIoT智能物联操作系统EnOS™，解决能源协同的挑战，目前接入的全球资产已经超过了400GW。今天，远景智能超过60%的业务来自国际市场，英国石油公司（BP）、壳牌（Shell）、道达尔（Total）、微软（Microsoft）、英特尔（Intel）、耐克（Nike）、汇丰银行（HSBC）、法国电力集团（EDF）、泰国国家石油公司（PTT）等全球知名企业都正通过EnOS™进行数字化与可持续转型。2018年10月，远景智能中标成为新加坡政府科技局的合作伙伴，为其"智慧国家"计划提供AIoT平台技术，这无疑是远景科技全球化运作的成果之一。

眼下正热的碳中和变革，不仅是一场能源革命，更是一个工业体系的重大变化。"全新的绿色工业体系，从本质上就是为了保护环境，让人与万物协同发展"，在远景科技的战略版图中，"零碳产业园将成为我们实现可再生能源生产与产业能耗相结合的关键，将成为绿色产业革命的基础设施要素"。其创始人张雷说："未来十年，远景计划在全球建设 100 个零碳产业园，每年为地球减碳 10 亿吨。作为绿色能源系统的集成者、绿色新工业体系的赋能者、绿色新工业体系的平台型企业，远景科技的征途是星辰大海。"

第一节 席卷全球的新能源浪潮

随着气候变化和能源安全等问题日益凸显，各国政府和企业将目光纷纷转向可再生能源，太阳能、风能、水能等可再生能源成为全球能源转型的关键。新能源浪潮的席卷也带来了巨大的经济和社会效益。可再生能源产业链的发展促进了就业增长和经济转型，同时减少了对化石能源的依赖，降低了温室气体排放，有助于实现可持续发展目标。

一、人类命运共同体：新能源浪潮引领蓝色星球走向未来

在过去的几百年当中，能源好像只是人类科技文明发展线中的一条隐藏支线，但我们如果仔细回顾能源史，这个领域所经历的创新的阵痛和愉悦，其实主宰着整个人类文明的走向。但这个"主宰"的背后，是巨大的代价——当气候变化与环境污染成为关乎人类命运的话题时，能源主宰世界的方式需要随之发生改变。更绿色、更灵活、更分布式和靠近用户侧的新能源，将成为能源世界新的主流。

在中国，政府和企业在多个方面积极推动可再生能源的发展，包括太阳能、风能、水能等多个领域，取得了显著的进展和成就。目前，中国是全球最大的太阳能光伏发电市场和制造商，拥有世界领先的太阳能光伏技术和产业规模。在水电领域，通过大规模的水电项目建设，如三峡工程、西电东送工程等，提高了水电的装机容量、发电能力，强化了生态环境保护和可持续发展。

聚焦到风能领域，中国目前是全球最大的风电装机市场和风力发电机制造商之一。中国政府通过出台政策，如风电上网电价补贴政策、风电并网管理办法等，促进了风电产业的快速发展。目前，中国拥有完整的风电产业链，从风机制造、零部件供应到项目开发和运维服务，产业链成熟而完整。在技术创新领域，目前中国风电企业在大容量风机、海上风电技术等方面取得了突破，发展尤其突出，在风资源评估、风电场设计、运行维护等领域也进行了大量研究和实践。

中国的发展离不开世界，世界的发展需要中国。这句话用来形容"一带一路"和《巴黎气候变化协定》这两个重要的世界运行发展框架对未来全球经济、政治和治理格局的影

响，再贴切不过了。

2013年9月，习近平总书记正式提出包含"丝绸之路经济带"和"21世纪海上丝绸之路"的"一带一路"倡议。2016年9月3日，全国人大常委会批准中国加入全球性的气候新协议——《巴黎气候变化协定》，我国成为第23个完成了批准协定的缔约方。两者交相呼应，相得益彰，其中最重要的连接点和核心纽带，无疑是绿色能源转型。

以风电为例，随着世界各国对能源安全、生态环境、气候变化等问题的日益重视，加快发展风电已成为国际社会的共识。风电作为应用最广泛和发展最快的可再生能源之一，已在全球范围内实现了大规模开发应用。而共建"一带一路"国家的新能源开发潜力尤其巨大。以电力需求较大的东南亚国家为例，东南亚国家风电资源丰富，如越南和泰国潜在可开发风电资源总容量分别为513吉瓦和152吉瓦，能够有效满足当地电力发展需求。随着风力发电成本因为新技术发展而持续走低，对于风资源较高、建设成本较低的地区，风电成本已经非常接近常规能源。从目前全球可再生能源市场情况看，行业发展的重心已从低价竞争逐渐转移至新能源的规模化开发利用，可再生能源行业已经成功渡过临界点。

据《能源经济学》期刊上的一份研究报告显示，来自中国和美国高校的研究人员表示，中国已成为"可再生能源领域的全球领导者"，在过去20年里，中国在风电领域实现了"显著增长和转型"。中国是生产和安装风力涡轮机最多的国家。中国的风力涡轮机不仅比竞争对手便宜，性能也更强。市场研究机构彭博新能源财经发布的报告显示，2023年全球最大的10家风力涡轮机制造商中有数家来自中国，其中就包括金风科技（第一名）和远景能源（第二名），远景能源是对外出口风机产品第一的风电企业。

二、智能新能源：风机变身全球最大"机器人"

我国新能源自2010年起进入规模化发展阶段，并网装机容量快速增长，其中风电的发展尤为突出。从2008年我国第一片38米长的兆瓦级风电叶片下线，到2022年12月全球最长叶轮直径260米海上抗台叶片下线，不足15年时间，国内风电叶片长度增长近3倍。在国内大兆瓦机组的持续迭代下，为了捕获更多的风能，大叶片需求陡增。同时，大功率风机是风电降本的主要手段，作为风机三大关键部件之一，大叶片自然也成为配合整机技术进步、推动风电成本下降的必要技术创新手段。

以远景能源为首的行业领军者们正以智能风机带领风电行业加速迈入大型化时代，大兆瓦风机、超长叶片渐成主流；与此同时，风电行业还将加速智能化、自动化、数字化转型，未来可再生能源将呈现大规模、高比例、高质量、市场化四大发展特征。

比如，在生产制造环节，现有的"企业数字化平台"通过数字孪生技术可以实现虚拟工厂与现实工厂的"数智物联"，通过自动化设备、数字化手段、智能化管理，工厂的"人、机、料、法、环、质"实现对全生产要素进行监管，实现所有工艺环节的可控性，有效提高风电叶片产品质量和生产效率。

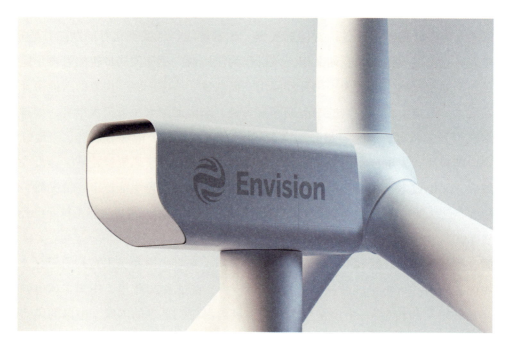

远景能源智能风机

在设备运营环节，每一台智能风机都可以是一台智能机器人，通过搭载的智能系统，在传统物理传感系统上，运行对应的数字化模型，使用数字孪生技术，让这些模型在传感数据的驱动下，有效检测整个风机的运行状况，变预警为预防，让风机寿命更久，收益更高。而风场数字孪生技术则让机群彼此协同，达到风场级协同最优。通过实时响应、风险规避，提升整场风机性能，还能实现风储联合，更好地响应调度，在电力交易中带来更多收益。

在这场席卷全球的新能源浪潮中，中国企业展现出了强大实力和创新能力，从技术研发投入产出、全球化市场布局、产业链整合优化到可持续发展和社会责任履行方面均表现亮眼，为推动全球能源转型和可持续发展作出了贡献。

第二节　御风而来：从"远景"到"实景"

毫无疑问，我们今后的能源系统中，新能源的存在感将越来越强。但严峻的现实是，旧的能源世界并没有在技术上完全做好迎接它的准备。它需要基本的"信息化"，还需要更多的"智能"，去实现连接、协同、平衡能源生产侧和消费侧日益增长的碎片化需求，尤其是机器端的智能。而这些，正是远景科技从"智能风机开创者"到成为一个"全球领先的新型能源系统公司"的价值所在。

一、生而全球化：雄心勃勃的零碳技术领航者

"解决气候危机是我们这一代人的责任。"远景科技董事长张雷如是说。17年前张雷带着十几个人的海归团队回国创业，次年远景能源研发出具有自主知识产权的1.5兆瓦风力发电机组，两年时间远景能源完成销售10亿元，以优异的业绩创造了中国风电行业的奇迹。远景科技创业之初的10年也是中国风机企业不断崛起、取代海外巨头的10年。而远景科技的目标，从来不限于风电，而是在自己开辟的"零碳"这一全新赛道上领航。

在新能源领域，远景科技首先提出用软件定义风机，后来，这个概念又升级成了"用软件定义能源"，远景科技的目标是打造一个属于新能源的"安卓系统"。2013年，远景能源推出了中国风电行业首个软件操作系统，以及风场设计、评估、管理等应用程序。在2014年，远景科技进一步发布了风电智能管理平台"格林威治"。格林威治作为智慧风场的全生命周期管理系统，可以为客户提供风电场规划、风资源评估、精细化微观选址等解决方案。之所以起这个名字，创始人张雷说，是因为伦敦格林威治天文台确定了经度的起点线，开启了人类的大航海新时代，而他期待这个新的平台在能源领域也能发挥类似的作用。

"智能风机"和"智慧风场"成为远景科技的两张名片。而远景科技从这时起，也开始逐渐把业务场景向风电之外拓展。2014年，远景能源进入光伏市场，推出了针对光伏电站全生命周期大数据分析和风险管理的阿波罗光伏平台。

2016年，远景科技战略投资了电动汽车充电网络公司ChargePoint、智能电网大数据技术公司AutoGrid，还全资收购了欧洲可再生能源管理软件领军企业BazeField，在此基础上于2017年成立了远景智能。

2019年，远景动力成立。至此，远景科技横跨了风电、锂电、储能、光伏等新能源赛道，覆盖了包括风机制造、动力电池、能源管理系统、智能物联网等多元化业务场景。

二、五新战略：打造全球零碳生态范本

走进正在规划建设中、预计2024年投产的远景沧州零碳智能产业园项目工地，庞大的钢结构建筑蔚为壮观。现场一派热火朝天的建设景象，工人们有条不紊地忙碌着，有的在进行厂房外立面施工，有的在平整室内地面，有的在进行钢梁焊接……

现在建设的是项目一期，规划建设年产能30吉瓦时的动力电池和储能电池生产线。"这个项目的特点可用高端、智能、绿色三个关键词来概括。"远景动力技术河北有限公司当地负责人介绍说，该项目的产品将集成采用公司的快速充电技术、长续航技术、长寿命技术、抗低温电池技术、高安全性技术以及多元化产品封装技术，直供世界汽车产业头部企业。

远景动力电池产线

在项目展示厅，效果图上的光伏屋顶吸引了参访者的目光。负责人介绍说："未来产业园自产的绿色电能，不但能满足自身需要，富余的还能上网外送。"现场负责人表示，他们在项目规划中设计了光伏发电和储能方案，充分挖掘建筑顶部可利用空间，实现光伏发电设备应装尽装，保障厂区100%绿电直供，实现厂区零碳排放。在促进产品零碳排放

方面，他们在原材料的选择上，优先选择"碳中和原材料"，甚至帮助原材料供应商打造"碳中和原材料"。

在内蒙古鄂尔多斯的零碳产业园，我们看到的则是另一番景象。这里已经建成，一切都已井然有序。这里80%的能源直接来自风电、光伏和储能。基于智能物联网的优化，另外20%的能源将通过在电力生产过多时出售给电网、需要时从电网取回的合作模式，实现100%的零碳能源供给。通过零碳产业园，绿色能源的生产和使用有机地结合在一起，这相对于能源生产和使用分离的工厂模式将是一次巨大的飞跃。

远景鄂尔多斯零碳产业园

上汽红岩、一汽解放、华友股份等行业龙头企业纷纷入驻园区，有全球最大的商用卡车的生产商，也有上游正负极材料、隔膜、电解液的制造商。园区还将用绿电制氢，绿氢又可以为煤化工脱碳，绿色能源+交通+化工，这三个领域的融合反应将会驱动鄂尔多斯零碳产业园蓬勃发展。园区的目标是打造新能源电池、新能源汽车和新能源装备三个千亿产业集群，创造10万个绿色高科技岗位，实现1亿吨二氧化碳年减排的目标。一个以零碳为核心，覆盖新型电力系统、零碳数字操作系统和绿色新工业集群的全产业链体系轮廓逐渐清晰。未来，远景科技将把零碳产业园实践推广到"一带一路"，推广到全球为碳中和而努力的国家，让零碳工业园成为驱动绿色新工业革命的摇篮、平台和基石。

不仅如此，远景科技还联合权威第三方机构制定首个零碳产业园标准，相关案例入选《联合国气候变化框架公约》第二十七次缔约方大会（COP27）《2022企业气候行动案例集》，成为世界经济论坛《产业集群向净零排放转型》报告的案例。零碳产业园模式正在快速复制，并走向西班牙、沙特阿拉伯、印度尼西亚等国家，覆盖了绿色能源装备、动力电池、工业气体、绿色冶金、生物合成等产业，助力全球打造"绿色新工业"体系。

这一系列成就背后，得益于远景科技的精准战略蓝图。2018年年底，远景科技提出了"三新"战略（即通过技术创新让风电和储能成为"新煤炭"，电池和氢能成为"新石油"，智能物联网成为"新电网"），后又拓展升级为"五新"战略（增加二新：零碳产业园成为"新基建"，同时培育绿色"新工业"体系）。"五新"战略近年来已得到全面推进和发展。一个个零碳工业园便是远景科技从"远景"到"实景"的一个个真实写照。

三、回归商业本质：科技降本引领行业发展

在可再生能源领域，远景科技创始人张雷曾指出行业内面临的三个主要挑战：能源成本挑战、存储成本挑战、协同作用的成本挑战。

1. 能源成本挑战

在中国，约60%的风力资源存在于低风速地区，风力无法达到通过正常风力发电的阈值。远景科技决定挑战这一领域，2009年，远景发明了世界上第一个低速风力涡轮机，不仅是在硬件方面研发，还采用了软件定义风力涡轮机的方法，专注于涡轮机的核心——控制系统。2011年团队进一步开发了一种由其专有风力操作系统管理的智能风力涡轮机，这是一个数据收集和控制系统，可以进一步优化性能和提高操作效率。2013年，远景科技推出了第一款4兆瓦海上智能风力涡轮机，并于2014年成为中国最大的海上风力涡轮机制造商。到2015年年底，远景科技已成为中国三大风力涡轮机供应商之一。远景科技还通过持续整合供应链，坚持不懈地推动成本和设计的边界，以提高效率。远景能源智能涡轮机生产线的负责人表示，目前组装涡轮机的工时是3天，而2011—2012年为8~10天。

远景能源通过创新和软件定义的风力涡轮机降低了成本，一定程度上引领了风电行业技术发展。事实上，全球风能和太阳能发电的成本在过去的10年中已经大幅下降。从2010年至2020年，全球陆上和海上风电的水平成本分别下降了56%和48%，降至0.039美元/kW·h和0.084美元/kW·h。

2. 存储成本挑战

2018年远景科技进军储能领域。在过去的10年里，锂离子电池的成本从每千瓦时2000美元下降到了140美元。据彭博新能源财经称，行业金本位制是每千瓦时100美元，被认为价格与内燃机相当。预计到2025年，电池的成本可能降至每千瓦时50美元，这一巨大的成本优势可能导致化石燃料驱动的汽车"在一夜之间消失"。

3. 协同作用的成本挑战

可再生能源是分散的和零星的。如果可以将所有这些可再生能源"像交响乐一样"协调起来，相互连接，协调需求和供应，并立即共享数据，最大限度地提高效率，那么整个行业将大幅度提高效率、降低成本。2017年远景智能创立后，开发了全球领先的智能物联操作系统EnOS™，面向可再生能源、城市基础设施、碳管理、零碳产业园等场景，打造智能产品和解决方案，助力世界各地政府和企业实现数字化与低碳化转型。

四、合力共零：从"运营碳中和"到"全价值链碳中和"

远景科技集团的创始人张雷先生是行业内出名的梦想家。在我国的"双碳"目标发布后，张雷的目光又投向了碳中和领域。2015年，远景科技在美国硅谷成立了面向新能源的风投基金。2021年9月，远景科技集团和红杉资本共同成立了国内首支零碳风险投资基金——远景—红杉碳中和基金，在大数据、充电、储能、物联网安全、可再生能源管理软件等行业进行投资。

2021年10月和11月，红杉资本、春华资本先后投资了远景科技，成为当时碳中和赛道上金额最大的一笔投资。在远景科技的规划里，参照已有实践经验，将在未来10年内，建设100座"零碳产业园"。

值得一提的是，远景科技已成功实现2022年运营碳中和目标，成为全球最早实现碳中和的绿色科技企业之一，并承诺2028年年底实现全价值链碳中和。

凭借领先的完整零碳技术解决方案，远景科技成为众多跨国企业和政府的全球零碳技术伙伴，助力打造零碳场景最佳示范实践。比如，为宝马、奔驰提供更高性能电池，开启零碳新旅程；为耐克打造首个风光一体化零碳智慧物流园区；为勃林格殷格翰打造制药行业首家碳中和工厂；助力圣戈班打造亚洲碳中和先行工厂；携手元气森林推出行业首款"零碳气泡水"产品；用智能物联AIoT技术助力星巴克绿色门店（Greener Store）计划；智慧绿色充电网络助力沃尔沃实现绿色出行。

回顾远景科技的选择，远景科技创始人张雷直言不讳地说道：这一切都是基于自己对世界的认知和思考。企业家往往喜欢发表诸如奋斗精神、创造力、开创性等观点，但他认为，探求事物的本质和真理，并以此解决社会发展的重大挑战才是一个企业家的基本素养。而"为人类可持续未来解决挑战"正是张雷底层思考之后的结果，正是这个使命指引着远景科技坚定不移地将"远景"变为"实景"。

第三节　走向伟大企业的修炼之路

伟大的公司应该是真正能够成就社会的公司，去解决重大的社会挑战，创造重大的社会发展机遇，推动重大的社会进程。创始人张雷说：远景科技的愿景是成为绿色能源系统的集成者，绿色新工业体系的赋能者，绿色新工业体系的平台型企业。

一、可持续发展，是挑战更是机遇

在这样一个不确定性与日俱增的时代，碳中和转型作为为数不多的"确定性"，已成为世界各国的共识和战略目标，企业 ESG 的重要性日渐加强。ESG 是一个无法回避的责任，更是一个企业应该主动拥抱的商业机遇。

从正心、正念、正业出发，远景科技致力于挖掘 ESG 中的机遇，勇于开创新技术，并以此作为核心竞争力，解决环境挑战，实现可持续发展。目前，远景科技已成立了 ESG 委员会，制定了相关风险管理制度和规章制度，涵盖碳排放、商业道德、公司治理、废弃物管理、产品生命周期管理、可持续供应链、安全等 ESG 因素，并将其纳入可持续风险流程。

不仅如此，远景科技还在人才体系中对可持续发展的目标进行宣传，并倡导全体员工来思考可持续的定义，从身边的小事做起，积极解决当下诸多的环节问题。例如，公司内设置了"绿点计划"，鼓励员工降低碳排放来得到绿点，兑换礼品及奖励。

除了加速公司自身绿色转型，张雷还希望远景科技能成为全球企业和政府的"零碳技术伙伴"，像剑桥大学、星巴克、新加坡国际港务集团（PSA）、德国电信、立讯精密等机构都已通过远景科技的软硬件解决方案加速零碳转型。

2021年3月，远景科技与红杉中国合作成立了总规模达100亿元的碳中和技术基金，投资和培育全球碳中和领域的领先科技企业，促进创新型低碳技术和解决方案的开发与发展。

二、汇聚全球智慧：从智能风机到新工业体系

远景科技创立并进入风电领域之时便采用差异化战略，不同于当时市场上数百家风机制造商"抄图纸"的普遍做法，远景科技成为首个在海外设立风电研发中心的企业，在全

球范围内广纳人才，建立起业内一流的产品开发能力，而后又推出了全行业首台低速风机，让中国60%的区域实现了风电开发从0到1的突破，而追求原创、重视技术、汇聚全球智慧攻坚行业难点的打法，逐渐沉淀成为远景科技独特的基因。

储能作为新能源系统稳定、平价的关键，成为远景科技聚焦的下一个挑战。远景科技聚集国内外多位工程师成立实验室，开始研究储能技术。2019年远景科技在收购动力电池企业AESC后成立远景动力，将日本的工匠精神与中国的创新与速度相结合，正式进军电池领域，一跃成为全球唯一能够提供智慧风、光、储等绿色能源全产业链技术解决方案的科技企业。

为解决能源协同的挑战，2017年远景智能成立，总部设在新加坡。这家公司打造了AIoT智能物联操作系统EnOS™。让我们来剖析EnOS™的运行原理。

首先，通过开放协议框架支持设备接入，EnOS™目前能够在1分钟内完成设备接入，实现设备"即插即用"，有效采集、处理、分析各种智能设备数据，同时支持第三方IT或OT系统的连接。然后，基于云平台采集到的设备数据，行业专家根据设备的领域和特性建立数据分析模型，进行深度数据分析。物联网操作系统不是简单的连接。只有真正理解风机等基础设备的工作原理，对整个能源行业有更深刻的理解，才能改变它的运行，改变它的控制，让它变得更智能。这是打造能源物联操作系统的难点所在，也是整个行业迈向智能化过程中的重大挑战所在，这也正是远景科技的优势所在。而在大量分析模型的基础上，即刻形成决策，产生深度的行业应用，最后让机器完成"执行"闭环，即转换成工业设备可以理解的控制指令，对工业设备进行操作，实现工业设备资源之间的精准信息交互和高效协作。

目前，智能物联系统EnOS™接入的全球资产已经超过了400GW，这个系统也是远景科技的新加坡、欧洲、中国团队全力合作开发和持续优化的典范。

三、全球最佳雇主：人才在哪里，远景科技就在哪里

从创立时起，张雷就把企业定位为新一代全球化企业，全球布局，延揽顶尖人才。用国际化的顶尖人才形成差异化的产品研发设计能力，以及用人才打造的制造和供应链能力打赢市场竞争，或许这就是远景科技在国内外市场高速成长的重要策略。

作为新一代全球化科技企业，远景科技坚持全球布局，提出全新产品理念，并在全球范围内选择最优秀的人才去实现自身价值。无论是初出茅庐的校园新秀，还是经验丰富的社会人才，他们都能在远景科技参与解决全球"挑战"。

远景科技会在全球范围内"上门招才"，这也就是远景科技创始团队成员、远景能源

执行董事周宏文所强调的"人才在哪里，组织就建在哪里"。早在创立初期，远景科技就在丹麦设立了研发中心，之后又到美国硅谷、休斯敦、德国汉堡、英国伦敦等地设立机构，以招揽数字化、空气动力学、风电场、金融等不同领域的本地人才。比如，丹麦研发中心叶片事业部的首席技术官（CTO）曾就职于知名跨国企业，具备丰富的风电机组开发经验；德国多特蒙德的传动链业务CTO是一名资深的德国博士；在美国，有的气动及概念设计专家已经在远景科技工作近10年。

2024年，公司已在全球20多个国家设立了研发中心和制造基地，拥有6000多名员工，国际员工占比超过50%。创始人张雷表示，从员工结构来说，远景科技从本质上就是一家国际企业。从业务构成来看，远景科技布局的风光、氢能、储能、动力电池等业务，都与解决人类共同面临的全球性气候挑战息息相关，势必需要全球专业人才的协同合作，汇聚国际顶尖的研发、设计、制造能力。

包容的环境加上"大部屋"（类似于"作战室"，把不同的职能部门组织起来，共同完成特定项目）等管理工具，远景科技的人效比和协同效率不断提高。在中国新能源专家、日本和欧洲的动力电池工程师的合作下，远景鄂尔多斯零碳产业园得以落成；在新加坡的远景智能总部，来自26个国家、有着不同文化信仰的员工会共同完成一个产品的开发；来自远景能源、远景智能、远景动力的专家会提供机械电子/电控技术、软件算法、气象预测、电池技术等支持，以保证远景电动方程式车队在赛场上续写夺冠辉煌。

2022年，远景科技入选"2022福布斯中国·最佳雇主"榜单Top10。这份榜单以"可持续发展"和"数字责任"为核心洞察，以雇主企业和雇员双重视角，从近300家报名公司中评选得出。

张雷不断在企业内部强调"挑战者精神"和"正心正念"。"正心"，是指有足够的责任感和使命感；"正念"，是指系统观和全局观。张雷表示：只要做一个"正心正念"的企业，就会赢得客户、行业、社会，乃至国家的尊敬。

通向伟大企业的道路注定是漫长的，更是光明的，祝福远景科技！

正心护远景，科技向未来

——专访远景科技集团董事长张雷

《样本》：作为创始人，您创立远景动力的初心是什么？

张雷：远景科技是我2007年从海外回国创立的。在那之前的两年，我在英国从事与投资相关的工作，较早地接触到气候变化议题。我关注得越多就越有一种强烈的感觉：全人类正面临一场更甚于金融危机的气候变化危机。应该创立一家公司去解决气候危机给全人类带来的生存挑战。所以，远景科技在创立之初就确立了"为人类的可持续发展解决挑战"的使命，这也是我们的初心。

气候危机的源头是化石能源，所以我很早就开始研究能源历史。历史上，石油和煤炭也曾经是"新能源"，在通过大量的企业产业化后具备了竞争力。那么，在未来的新能源世界，什么将成为新的"石油"和"煤炭"？是风电和光伏。最终，我选择通过风电——这个当时鲜有中国公司身影、拥有更高技术门槛的"窄门"，进入新能源领域。

从风机业务，到能源物联网、动力电池、智慧储能、零碳产业园、绿色氢氨，甚至新型电力系统，我们的业务布局始终没有脱离初心。"挑战者精神"也成为远景科技企业文化的核心——挑战创造机遇。所以，哪里有挑战，哪里就有远景科技。远景科技要挑战现状，挑战常规，挑战惯性。

《样本》：现在企业谈ESG的越来越多，"绿色创新"能力也是本次案例评选关注的企业核心要素。企业应该如何看待ESG趋势，远景科技是如何做的？

张雷：我记得2018年，远景科技作为唯一一家新能源企业，同埃克森美孚、英国石油公司、壳牌、道达尔等20多家能源巨头公司和主权基金公司一起参加了一场气候论坛。当谈及气候危机时，所有能源公司都说因为有股东的利益在背后，无能为力，而金融机构也说作为受托人，他们有受托责任（fiduciary duty），要给出资者最好的回报。当时，我对在座的企业家们说：认为到21世纪末我们有可能把地球温度上升控制在2℃以内的请举手。没有一个人举手。我当时就想，人类的受托责任在哪里？是谁在看护人类背后的整体利益？

小商牟利，大商牟道，企业有责任解决这个时代的重大挑战，为这个时代开拓新的机遇，为人类的永续发展开启新的篇章。目前，很多企业只是将ESG当作合规业务，没有当作责任，更没有看作机遇。我认为企业应该从正心、正念、正业出发，挖掘ESG中的机遇，勇于开创新技术，并以此为核心竞争力，解决环境挑战，实现可持续发展。下一代的伟大企业很可能从ESG领域诞生。

也正因为如此，远景科技致力于成为全球企业、政府与机构"零碳技术伙伴"，并且在这之前，以身作则，在2022年年底实现了全球运营碳中和，并计划到2028年实现全价值链碳中和。

这个过程中，远景科技的"零碳朋友圈"不断扩容，"全球零碳技术伙伴"的身份更加深入人心，净零行动受到全球客户和权威机构高度认可。

2023年，远景科技获得企业社会责任权威评级机构埃科瓦迪斯（EcoVadis）的"金牌"评级，跻身全球前4%。在碳排放披露项目（CDP）的评级中，远景科技则获得A-的成绩，达到全球领先水平，也是中国首个获得A-级别的新能源企业。

《样本》：结合碳中和的转型趋势和当下的全球局势，您认为中国新能源企业和产业全球化发展需要解决什么难题？远景科技是如何做的？

张雷：气候危机是全人类共同面临的挑战，需要全球合作来解决。但不可否认的是，当下这场绿色能源革命与绿色工业革命背后，正在产生新的绿色贸易壁垒。以"气候"和"碳排放"为基石的新的贸易关系正崭露头角，以碳关税、碳贸易为特征的新贸易规则正在形成，而每一件产品背后碳成本的差异将导致显著的出口竞争力的差异。

世界银行的研究报告预测，如果"碳关税"全面实施，在国际市场上，中国制造可能将面临平均26%的关税，出口量可能因此下滑21%。这对中国来说无疑是挑战，但我认为也将为中国企业带来历史性的机遇。从挑战到机遇，破局的关键就在鄂尔多斯。

四年前，远景科技在鄂尔多斯打造了全球首个零碳产业园，并依托产业园中"新型电力系统""零碳数字操作系统"和"绿色新工业集群"三大创新支柱，赋能打造了零碳动力电池、汽车、光伏组件、氢能、金属等产品。今天，远景鄂尔多斯零碳产业园生产的电池已经获得了国际权威的碳中和认证，80%出口到欧洲、美国、新加坡等地。当未来电池碳关税壁垒实施、电池的竞争愈演愈激烈的时候，鄂尔多斯的零碳产品将获得前所未有的竞争力。

远景科技的零碳产业园模式已经在复制：远景科技在内蒙古赤峰的零碳氢氨能产业园已经量产。未来，依托零碳产业园，绿色能源系统可以有效叠加锂材料产业、电解铝、化工、汽车等产业，帮助中国工业体系"减排不减生产力"，帮助"中国制造"以更强的竞争力参与全球贸易，解决挑战，捕捉机遇，迎来前所未有的星辰大海。

《样本》：什么是"五新"战略？请您谈谈远景科技"五新"战略下一步的具体规划和在推进实现方面的思考。

张雷：碳中和转型是一场深远的产业、经济和社会的变革，它开始于能源革命。在能源革命阶段，可再生能源发展面临着"能源成本""存储成本"和"协同成本"的挑战，所以我们在多年前就提出了要通过技术创新让风电和储能成为"新煤炭"，让电池和氢能成为"新石油"，让智能物联网成为"新电网"去应对上述这些挑战。

过去十年，可再生能源的成本大幅下降，到今天已经显著低于化石能源。同时，历史告诉我们，每一次能源革命都将带来工业革命，新能源成为主流，将会带来深远的绿色工业革命。所以，远景科技在鄂尔多斯打造了全球首个零碳产业园，让零碳产业园成为绿色产业革命的基础设施，同时加速培育绿色"新工业"体系。

远景科技致力于成为绿色能源系统的集成者，绿色新工业体系的赋能者，绿色新工业体系的平台型企业，我们才刚刚起步。

《样本》：除了搭建绿色能源系统，您认为目前构建零碳新工业体系的关键领域还有哪些？

张雷：我认为需要关注绿色氢能。

一方面，目前大家只是看到了氢在碳中和转型中的局部作用，全局是什么呢？比如说长时储能，针对远洋航运这样的场景，今天的电力储能非常有限，氢储是个更佳的解决方案。还有一个领域，就是要发挥氢的还原作用。

另一方面，2023年11月30日第28届联合国气候变化大会在迪拜举行，大会上大家做了一个总结，在人类脱碳的进程中，可再生能源电力的发展遥遥领先于我们的目标，但是在化工、航空、航运、钢铁领域的脱碳进程却远远落后。而从交通运输到石油化工，到未来的生物合成和整个钢铁行业的脱碳，这些领域是目前氢的最大应用场景。如果我们要最终实现碳中和目标，这些领域是必须攻克的。

获取绿氢的本质是水解，目前可再生能源的成本占绿氢成本的85%~90%，所以只有解决了绿色电力的问题，才能让绿色氢能及其衍生产品在各个领域具备竞争力。

因此，我认为绿色氢能作为"新石油"的角色应该加速登场，实现大规模产业化发展。

所以，远景科技在内蒙古赤峰打造了全球最大的绿色氢氨工程，借助新型电力系统的技术突破，实现了风光储同氢氨醇生产的高效耦合，解决了零碳氢能发展的重大成本难题，近期产出的第一罐液氨使用了100%的绿色电力，这是全球绿色氢能发展的重要里程碑，让"新石油"实现大规模产业化发展。

引领智慧能源革命，构建零碳未来

2020年9月，中国国家主席习近平在第75届联合国大会上发表重要讲话，就我国碳达峰目标与碳中和愿景向国际社会作出庄严承诺，提出"中国将提高国家自主贡献力度，采取更加有力的政策和措施，二氧化碳排放力争于2030年前达到峰值，努力争取2060年前实现碳中和"。同年12月在"东南大学长三角碳中和发展研讨会"上，与会专家达成了一个共识：能源系统的低碳化是实现2030年前碳达峰、2060年前碳中和目标的关键，必须更多消纳可再生能源，促进化石能源与可再生能源的有机融合。

与此同时，我们关注到一家扎根长三角、布局全球化的中国企业，近期欣然发布《2023零碳行动报告》，声称已成功实现2022年运营碳中和目标，更雄心勃勃地表示要在2028年年底实现全价值链碳中和。这家名为远景科技的企业，从"智能风机开创者"到"全球领先的面向零碳未来的新型能源系统公司"，其前瞻思维、创新水平、实操能力带给我们太多惊喜。

"远景"看得远，前瞻思维多元布局占据行业制高点。远景科技非常注重把握全球科技发展的趋势，并且紧密结合国家的发展战略，在激烈的市场竞争中占据有利位置。远景科技首先抓住了风电行业进入大型化时代的机遇，超前布局、领先布局。在风电领域取得成功后，远景科技没有驻足观望，而是迅速拓展到光伏、电动汽车、充电网络等领域，目前已经覆盖了风电、光伏、锂电、储能等新能源赛道，涵盖了风机制造、动力电池、能源管理系统、智能物联网等多个业务场景，战略眼光绝对是行业里的佼佼者。

"远景"创新强，前沿技术始终引领着行业前进的方向。远景科技以智能风机为引领，将风电行业推向了大型化时代的新高度。大兆瓦风机、超长叶片等产品已成为行业的主流，技术和产品在国内外市场均处于领先地位，为公司在行业内树立了不可撼动的地位。2013年"远景"推出中国风电行业首个软件操作系统，以及针对光伏电站全生命周期的大数据分析平台。当前，远景科技正在拓展开发覆盖交通、政务、能源、通信、人力资源等领域的城市治理智能物联操作系统，未来将在新加坡等100多个政府机构得以应用，企业竞争力和国际影响力广泛提升。

"远景"场景实，落地实操提供零碳园区系统解决方案。基于深耕新能源装备技术和数字化智能技术的成熟经验，远景科技以零碳产业园为应用载体，构建并实践新型绿色能源系统，同时制定了全球首套零碳产业园标准。远景鄂尔多斯零碳产业园作为全球首个最佳实践，基于"新型能源系统""零碳数字操作系统""绿色新工业集群"三大支柱，为当地创造超过3000亿元的绿色新工业产值，创造10万个绿色工业岗位，实现每年碳减排1亿吨。据悉，零碳产业园正在中国、西班牙、沙特阿拉伯、印度尼西亚等国家快速复制，在全球范围内打造"绿色新工业"体系，指日可待。

凡益之道，与时偕行，与众同行。"远景"的发展，可谓得天时、地利、人和。最难能可贵的是，"远景"一路走来，一直心怀正心正念，秉持开放包容之心，为人类美好未来面对并解决挑战。在未来，我们有理由相信，远景科技将继续引领能源革命的潮流，为构建清洁、智能、可持续的能源未来贡献更多力量。

祝福远景科技越来越好！

朱晓明 东南大学长三角碳中和战略发展研究院院长

第四章
为开放中国树立数字贸易的世界范本
——连连数字科技股份有限公司

- **楔子：**弄潮儿向潮头立

- **企业概况：**连通世界，服务全球

- **创新解读：**

  第一节　擘画全球数字支付的未来图谱

  第二节　从"1"到"无穷大"的跨境电商生态构建者

  第三节　用科技之光照亮商业进化之路

- **企业家专访：**我们的征途是畅连全球数字贸易

- **专家点评：**构建新时代数字支付的新生态

弄潮儿向潮头立

潮起钱塘江，波澜壮阔。数字化浪潮下的杭州，犹如奔腾不息的钱塘江潮水，涌动着创业创新的滔天热浪。

从钱塘江北岸的杭州老城区驱车驶过复兴大桥，便可见一栋外观朴实的大楼上方悬挂着两个醒目的白色大字——连连。如果不是行业中人，几乎不太有人会知晓这家名为连连的企业是做什么的；更不会想到，它正以某种方式与自己的生活发生不可或缺的紧密联系——从百姓家中的烟火寻常到亿万民众的国计民生，连连数字科技股份有限公司（以下简称连连数字）的数字支付业务已跨越千山万水，遍布五洲四海。

连连园区大楼

连连数字初创时的杭州，已经是互联网"大厂名企"林立的创业热土，数字化支付方兴未艾，移动支付也开始进入寻常百姓的日常生活。作为行业"中生代"，公司并不具备数字支付的"先发优势"。然而，15年后的今天，连连数字已经跃居中国数字支付行业的前列，业务涵盖全球化支付及服务、银行卡清算等有机融合的数字科技生态体系，服务对象横跨贸易、电商、零售、商旅、物流、教育、地产、制造等多个行业，跨境支付业务触达100多个国家和地区。

弄潮儿向潮头立。从连接到激活数字支付的一江春水，连连数字凭借自身在支付及相关领域深耕多年的先进技术和丰富经验，充分把握产业数字化及跨境电商快速发展的重大机遇，以高水平的科技创新能力、合规稳健的风控理念和多元化的支付服务为核心，构建以全球支付网络为核心底座的数字科技服务能力，并进化升级为跨境电商生态的探索者和建设者。

"东南形胜，三吴都会，钱塘自古繁华"。历经千年沧桑，在昔日"世界商贸之都"的斑驳底色上，杭州已被新时代的巨擘绘就出一幅长三角一体化发展的宏伟蓝图，唱响了中国式现代化浩荡奔腾的奋进之歌。

应运而生，应时而兴。面对新一轮科技革命和产业变革，连连数字积极融入"双循环"和高水平对外开放的国家战略，以新质生产力激发发展新动力，与时代潮流同生共舞；通过科技驱动和业务创新，持续推进支付应用的技术升级和发展迭代，不断拓展产品及服务的广度和深度，助力中国乃至全球产业和贸易向数字化、国际化的转型和跃迁，努力创造数字支付行业的新业态和新模式。

数字化激活了古老的金融业。从"旧时王谢堂前燕"到"飞入寻常百姓家"，与人类贸易一样有着千年悠久历史的金融业，正被日新月异的数字技术注入全新内涵，犹如连通千行百业和千家万户的毛细血管，静水流深，绵延不绝。而连连数字的道路选择和使命追求，正如钱塘江的一江春水，虽时有惊涛险滩，但终究会长流不息。

企业概况

连通世界，服务全球

作为推动中国跨境贸易发展的重要力量，连连数字以创新为引领，致力于探索数字支付的新路径、新模式，通过"连接用户、连接贸易、连接生态"，不断打破商业边界，在全球进行高效资源配置，帮助更多中国企业逐浪全球，共襄"创造商业数字化未来"的盛举。

一、逐浪数字支付的浩荡洋流

2009年，连连数字创立于浙江杭州，一个新的创业故事在钱塘江畔徐徐展开。

连连数字依托全球牌照布局和专有技术平台，建立了全球支付合作网络，成为中国数字支付解决方案市场的领导者和全球贸易数字化的赋能者，是中国率先在全球范围提供全面支付解决方案的数字科技公司之一。

公司主要有三大业务板块：国内业务、跨境业务、发卡清算。经过十余年的创新发展，连连数字已构建了覆盖100多个国家和地区的全球商业网络，业务涵盖收付款、收单、汇兑、虚拟银行卡及聚合支付的数字支付服务，以及数字化营销、运营支持、引流服务、账户及电子钱包、软件开发服务等增值服务。

作为连连数字旗下核心品牌，连连国际为中国跨境贸易提供支付与汇兑结算服务，连连国际全球支付网络为B2C平台卖家、B2B外贸企业提供安全、高效、便捷的全球收款服务，为独立站和出海App提供涵盖国际信用卡、本地支付方式的全球收单服务。通过与维萨（Visa）、美国运通、兴业银行等持牌金融机构合作，连连国际为出海企业提供越达卡（虚拟信用卡）、兴业银行美国运通®连连联名借记卡（实体卡）、信用融资、外汇管理等一系列金融服务。

通过联合行业内有资质的生态伙伴，连连数字运用智能营销服务，帮助跨境企业用数字化手段触达全球消费者，实现了业务持续高质量增长。公司同时提供航旅、物流、留学等行业解决方案，帮助商户和企业享受退税、知识产权、财税顾问、人才培养、直播课程、供应链/产业带对接等增值服务，利用为用户而生的生态体系赋能跨境商户，助力企业释放无限潜力。

拥抱浩荡钱塘江，融入全球洋流。连连数字的支付业务近几年经过了高速发展，全球扩张势头强劲。

在中国所有的数字支付解决方案提供商中，连连数字拥有最广泛的全球业务布局及牌照覆盖范围，是国内唯一一家在美国所有州均持有货币转移牌照的机构。截至2023年12月31日，连连数字已建立由64项支付牌照及相关资质组成的全球牌照布局，覆盖中国香港、新加坡、美国、英国、泰国及印度尼西亚等七个重要市场；提供服务范围覆盖超过100个国家和地区，并支持使用超过130种货币进行交易。2023年，连连数字的数字支付服务总支付额（TPV）达到2.0万亿元，同比增长73.5%，服务的活跃客户数量130万家，同比增长50.8%。财务方面，2023年连连数字录得总收入10.28亿元，同比增长38.4%。弗若斯特沙利文（Frost & Sullivan）的资料显示，按2022年的TPV计，连连数字是中国最大的独立数字支付解决方案提供商，市场份额达到9.1%。据亿邦智库《2022年跨境电商金融服务报告》显示，在中国跨境卖家最经常使用的第三方收款工具中，连连国际的使用频率占比最高，居市场首位，成为深受行业、用户认可与信赖的数字支付领先企业之一。

2024年3月28日，连连数字在香港交易所主板挂牌上市，成为"跨境支付第一股"，成功迈入国际资本市场快车道，向着世界领先的宏大目标迈出了坚实的一步。

连连数字港股上市现场

二、数字科技助力跨境贸易转型升级

连连数字始终坚持以科技创新、合规经营为核心驱动的发展道路，向业界显示出其在数字支付领域大展宏图的雄心和实力。

公司在应对全球贸易错综复杂的法律和监管环境过程中，积累了丰富的实践经验、专业知识及业务能力，能够为客户提供完全贴合监管规定的数字化解决方案，为合规、安全可靠的资金及信息流通保驾护航。

连连数字拥有针对全球贸易复杂性而设计的专业技术平台，依托人工智能、区块链、云计算、大数据等前沿数字技术，结合强大的技术创新能力，搭建了"跨境贸易服务网络"和"全球支付网络"两大数字技术网络，一站式解决出海企业全链路需求。技术平台与全球主要电商平台以及客户的内部营运、财务系统充分衔接，内置稳定、安全、灵活的系统，覆盖支付与资金转账、全球资金分发、智能外汇处理、智能风险管理、智能反洗钱评估及交易真实性核查。

资本市场以实际行动表达了对连连数字的看好。公司相继获得红杉、光大、赛伯乐、博裕、中金、泰康等知名投资机构的投资，并囊括了中国支付清算协会"创新实践奖"、浙江省经济和信息化委员会"浙江省第三批大数据应用示范企业"、英国国际贸易部金融科技奖铜奖、中国支付清算协会"支付清算协会优秀成员单位"、浙江省人民政府"浙江省科学技术进步奖一等奖"、商务部办公厅"第二批数字商务企业"等一系列荣誉奖项和表彰。

据胡润研究院发布的《2024年全球独角兽榜》，连连数字以在跨境贸易、产业互联网数字化转型、银行卡清算业务等方面持续的产品创新能力及前瞻性的全球化战略布局，再次荣登该榜单。这也是该榜单发布以来，连连数字第六次入选。

连接无限，贸易无疆。连连数字笃信"连接引领创新，连接创造价值"，以科技创新驱动业务架构变革、构建金融服务新范式，以"连接者"的身份持续优化商业生态，为中国数字经济更深层次地融入全球市场发挥"连连力量"。

第一节　擘画全球数字支付的未来图谱

伟大的实践造就了一个伟大的时代。连连数字以新时代为新起点，积极拥抱全球数字化带来的市场机遇，通过生产要素的创新性配置和全景式商业生态构建，助力数字产业深度转型升级，打造数字化、智能化的综合服务解决方案，开创出数字支付供给侧的新理念、新范式和新生态。

近年来，我国深入推进高水平对外开放，加快构建数字化贸易平台，陆续出台了对跨境电商发展的支持政策。中国数字科技企业积极回应时代要求，加快实施创新驱动发展战略，推动数字支付的创新升级，并实现弯道超车，成为当代中国让世界瞩目的闪亮"金名片"。

一、破局跨境支付堵点的中国突围

20世纪末，全球数字金融进入快速发展的阶段，以贝宝（PayPal）等为代表的国际数字支付新军横空出世，成为金融科技改革浪潮中的弄潮儿。而彼时的中国，在这一领域还是一片空白。

2003年，是中国数字经济发展史上值得书写的一年。2003年9月，浙江省发布《数字浙江建设规划纲要》，明确"以信息化带动工业化，推进传统产业信息化改造，积极发展电子商务"的战略目标。

春风吹，激起中国数字贸易改革的千重浪。

彼时，中国第三方数字支付服务在杭州应运而生。以电商平台为代表的数字经济在浙江萌发壮大，一路先行，勇立潮头。电子商务平台经济从浙江走向全国乃至全球，数字科技行业迎来了发展的黄金时代。

数字支付在浙江的异军突起，既反映了全球进入数字科技社会、中国大力推动数字经济发展的客观趋势，也是打造"数字浙江"的一大标志性成果。受益于全球消费者购物习惯线上化、互联网技术的进步等，跨境电商等新业态新模式强劲发展，成为我国外贸发展的有生力量与实现共同富裕的重要引擎。消费互联网率先突破，极大地提升了市场供需和产能适配,为国内线上线下一体化市场的形成奠定了坚实基础。

亿邦智库的分析师指出,跨境金融已经从跨境电商收款、收单等支付相关的基础金融服务,向供应链金融、外汇、资金管理、保险、财税等综合性金融服务、增值金融服务迈进。2022年,中国人民银行、中国银行保险监督管理委员会、中国证券监督管理委员会、国家外汇管理局、浙江省人民政府发布的《关于金融支持浙江高质量发展建设共同富裕示范区的意见》指出:提升跨境金融服务水平,推动高标准对外开放。具体包括支持贸易新业态新模式发展、提升跨境投融资便利化水平等,有力地支持了浙江数字贸易和跨境电商行业的蓬勃发展。

二、执着于金融数字化时代的"顺势而为"

2009年的国际数字支付市场已群雄割据,似乎没有给后来者留下太多生长和崛起的机会。

没有随波逐流,只有顺势而为。作为数字支付领域新势力的连连数字,其创业决策基于雄心、执着和自信以及对全球数字化趋势的深刻洞察——跨境电商行业增速拐点还远未到来,除欧美等成熟市场的消费需求在高速增长以外,东南亚、南美、中东等消费市场也在快速兴起,将在未来一段时间成为我国外贸电商领域的主要增长点。连连数字以此确立了自己的路径选择和发展战略,顺应时代需求,快速布局市场。

连连数字将自己的使命定位于"连通世界、服务全球"。作为中国金融改革发展的重要实践者,公司以实干和担当,在钱塘江潮涌中因时而兴,在资本市场的日益完善中顺势而强,开启了一系列数字支付的"全球实验",强力助推营商环境的优化提升,推进全面战略合作落地生效,提升市场定位的引领力、生态体系的协同力和制胜未来的创新力。

支付不是连连数字提供的唯一价值。受疫情和国际形势变化的影响,过去几年,我国外贸出口形势发生较大变化,特别是很多生产制造企业,对海外的市场和需求不太了解。连连数字通过已经构建好的生态和桥梁,携手各产业领域的优秀合作伙伴,深度挖掘用户需求,不断丰富产品,坚持服务创新,助力企业提质降本增效、将产能释放出去,为促进可持续发展探索新解法。

2023年中央金融工作会议强调,要加快建设金融强国,坚定不移地走中国特色金融发展之路,着力推进金融高水平开放,做好科技金融、普惠金融、数字金融大文章,加强优质金融服务,助力构建中国特色现代金融体系,不断扩大对共建"一带一路"国家的金融服务覆盖面,更好服务实体经济高质量发展。

新一轮的信息技术革命也为数字支付行业带来了新的增长机遇。连连数字秉持家国情怀，积极融入长三角一体化发展国家战略和实现共同富裕的历史进程，见证、参与、推动了中国产业数字化黄金时代的到来，助力中国金融科技迈向世界巅峰。

第二节　从"1"到"无穷大"的跨境电商生态构建者

英国历史学家麦考莱曾说：一个浪头也许很快会平息，然而潮流永远不会停止。新浪潮可能让某些准备不足的人措手不及，而慧者则以睿智拥抱未来。

连连数字站在了数字化时代正确的一边。在金融科技的新赛道上，连连数字并非从"0"到"1"的"吃螃蟹者"。他们以变应变，跨越周期，从旧格局的裂缝中寻找新力量的生长空间，以智慧解锁万亿赛道"新玩法"，并向纵深推进，跃升为金融科技从"1"到"无穷大"这一时代洪流中的澎湃力量。

一、布局跨境支付的关键落子

在狂飙突进的数字科技竞赛中，长期主义者取胜。

夯实支付业务基础设施，构筑完备的要素禀赋，是立志于"下一盘大棋"的连连数字屹立市场的恒久动力。公司通过支付牌照申请、布局本地化服务等方式，落子数字支付全球棋局，持续建立和拓展自身在跨境贸易领域的影响力。

2010年，当"1岁"的业界新势力连连数字遇上"160岁"的国际信用支付巨头美国运通，一场"全球试验"就此开启。双方迅速达成战略合作，共同探索全球支付行业及商户服务的新模式和新技术。让人惊喜的是，连连数字当初与美国运通的"联盟"，更像是一个颇具眼力的棋手布下的一步巧妙的"先手棋"，使得这一"有心栽花"的举措，不但没有落入"花不发"的窠臼，而是在若干年后成就了"柳成荫"的美好愿景，成为金融开放国家使命的受托者和践行者。

此后几年，连连数字纵横捭阖，以一系列极具战略智慧和市场魄力的举措布下一连串"关键棋"。

从2011年开始，旗下公司陆续获得包括中国人民银行颁发的"支付业务许可证"在内的多项支付从业资质，成为多家海外知名支付公司的中国官方合作伙伴，开启了第三方支付的新征程。

对于从事支付业务的企业来说，牌照犹如阳光。只有让所有的经营活动彻底展露在阳光之下，才能成就企业发展的流金岁月。

在"一带一路"倡议驱动下，连连数字从2016年开始"好戏连连"，全面布局东南亚市场，进军欧美等发达国家，大规模收获全球支付及相关牌照。公司先后在泰国、美国、英国、新加坡、印度尼西亚及中国香港等国家和地区获得支付牌照，并在泰国、巴西等地设立了子公司。截至2023年年底，连连数字已在9个国家及地区建立16个海外办事处，且获得包括美国50个州全境支付牌照在内的64项支付牌照及相关资质，成为国内数字支付解决方案提供商中拥有最广泛的全球业务布局及支付资质覆盖范围的公司，在未来五年至十年内都将形成竞争壁垒。就像水和电等基础设施一样，数字支付将越来越显示出它的商业价值。

在旧时光的底片上，那些留下岁月印记的点点颗粒，终将闪耀出时代照进来的光芒。连连数字与美国运通这对相交十年的合作伙伴，也终于谱写出被新时代赋予全新内涵的"老友记"，实现了数字支付创新时代的"双向奔赴"。

2020年，连连数字与美国运通在我国境内发起设立合资公司——连通技术服务有限公司（以下简称连通公司），成为国内首家获得中国人民银行授予银行卡清算业务许可证的合资银行卡清算机构，获准在我国境内拓展成员机构、授权发行和受理"美国运通"品牌的银行卡。截至2023年9月30日，连通公司与中国22家发卡行合作，为持卡人在中国及海外提供权益。这些银行卡权益广泛涵盖了餐饮、购物、医疗保健、酒店、旅行、文化及娱乐等多个领域。

连通公司的开业运营具有里程碑式的意义，标志着中国支付行业在深化发展的道路上有了更加卓越的表现。目前，公司已向香港证券及期货事务监察委员会提交虚拟资产服务提供商牌照申请，将在香港成立虚拟资产交易平台。至此，连连数字旗下业务涵盖全球化支付及服务、银行卡清算等有机融合的数字科技生态体系，公司也从跨境贸易服务既有市场的"挑战者"，跃升为数字支付细分赛道的"领跑者"。

繁花盛开，蜜蜂自来。好的土壤、好的生态、好的平台，共同构成了连连数字面向未来的底气。历经15年时光淘洗，公司的国际化布局渐入佳境，全球化和支付业务出海进程大步迈进，打造出的中国数字科技服务的"新名片"成色十足。

二、数字支付创新的"连连打法"

群雄逐鹿，何以"连连"？通过梳理连连数字的发展历程，可以从它的商业智慧和创新模式中解析出精彩蝶变的"连连密码"。

新入场者必须找到不同于领先者的竞争方式，才有机会取得成功。与目前市场上广大消费者耳熟能详的移动支付品牌相比较，连连数字的支付业务在商业模式与经营模式方面有非常大的区别，在国内同行业中具有独特性和不可复制性。公司没有大量去铺线下商户，而是从一开始就将切入点放在了To B市场——产业和跨境电商，聚焦企业类的平台型业务，开创"垂直行业移动支付解决方案"的服务模式，围绕产业支付的场景提供综合性的数字科技服务。

连连园区一景

连连数字的业务场景是在广度和深度上同时展开的，布局数字支付市场的方向分为两侧：一侧是国内的供给侧，帮助企业做市场链接；另一侧是海外市场，布局众多国家和区域，拓展更多业务。公司的业务又形成了独特的双维度发展。第一个是横向维度——服务产业端。以行业为切入口，每个行业都形成相对综合的解决方案。目前，连连数字切入的最大行业是跨境电商，另外还有商旅行业、大型头部企业及新零售业等。第二个是纵向维度——服务整个生态。连连数字的业务并非只是提供单一的支付解决方案，而是建立SaaS化平台，覆盖了从发卡、支付到清算的完整产业链，一站式解决了它们之间所有的问题——开店、选品、支付、数字化营销，甚至解决物流以及基于物流的供应链金融问题，与客户的绑定更为紧密。

在市场开拓方面，依赖于两个体系的拓展。第一个是直营拓展体系，也就是直接客户；第二个是针对服务商建立ISV体系，把基础支付产品以及供应链金融产品做成一个标准接口对接到服务商去拓展终端客户，用数字化赋能。

全球范围内从事跨境电商业务受开户门槛高、银行费用高及优质服务缺乏等因素的影响，面临不少"痛点"。连连数字不是数字支付既有模式的"搬运工"，而是全球竞争的深度参与者和困境破局者。

公司的国际业务最早是从中国香港地区、美国、欧洲开始布局的。近几年，又将业务线延伸至东南亚、拉美等地，将目光投向共建"一带一路"国家，开拓中东、拉美、非洲等区域，挖掘新的增长点，其优质客户群体规模庞大，包括亚马逊（Amazon）、易贝（eBay）、虾皮（Shopee）、Shopify及Shopyy等跨境电商巨头。

连连数字的使命就是要在全球供应链重构中走出去，让中国的产能供给全球，将产品销往海外。过去几年，连连数字让中国的小微企业实现在全球100多个国家的商贸和130多个币种的支付，让它们既能卖得出东西，又能安全及时地把钱收回来。过去企业和商户从美国或者欧洲收回钱款需要3~5天时间，并承担2%~3%的支付成本。连连数字的跨境支付通过提高各币种的支付结算效率、优化结算通道，大幅提高了收款效率，提现可飞速到账，支付成本也下降到0.7%以内。公司利用数字化手段做到了传统银行很难做到的事，让原本看起来不可能的事情变得可行。

同时，公司深刻地认知到，数字化要给企业带来新的价值，能够帮助客户重构销售体系，通过集成数据进行商业分析和研判，协助企业（特别是生态类企业）从原来分散的信息中找到关联性，形成联动机制，为客户赋能，让客户能够在内部和外部建成产品的数字体系，更好地实现精准营销；通过循迹企业整个的销售和资金链路，找到真正有价值的信息回馈给客户，帮助他们决策，完成企业内部的数字化转型。

连连数字的商业模式从根本上来说，是基于对市场和用户的深刻理解；从思维层面来说，是一种以用户价值为出发点的思考方式。商业生态和竞争优势的建立不仅源于了解客户想要完成的任务，也源于开发客户想从购买与使用产品中获得的体验，形成竞争对手难以复制的市场优势，为企业长远发展打造起对手难以跨越的护城河。

在众声喧哗的商业竞争时代，连连数字没有在"乱花渐欲迷人眼"的诱惑中迷失方向。在移动支付To C市场"红包大战"硝烟弥漫、激战正酣的时候，它更像一个安静且自信的优等生，坚守初心，心无旁骛，如大航海时代的先驱那样，铆足马力，向着波飞浪卷的"深蓝"之域奋力挺进，成为数字支付细分领域占据领先地位、拥有核心竞争力的"隐形冠军"。

三、以战略担当构建共富"朋友圈"

志合者跨山越海而来。正如企业名称一样，连连数字的价值在于"连接"——"连通世界，服务全球"，让世界更多地方被普惠金融之光点亮。

近年来，由于全球范围内的贸易保护主义抬头、数字技术发展不平衡，导致国际商贸流通在市场、技术、资金等方面壁垒重重，给跨境企业带来了巨大挑战。连连数字成为全球化进程中，讲述中国制度优越性的一股温和、向上、可感知的力量。

从各自拼搏到携手并进，连连数字积极履行企业社会责任，服务实体经济，与万千跨境电商共舞，致力于成为连接中国与世界的桥梁，依托并利用海内外优势资源，将海外市场的先进理念、成功经验与中国本土化实践结合；依托畅达全球的支付金融网络和覆盖企业全生命周期的跨境贸易服务网络，以差异化服务和创新赋能国内中小微企业，助力国内支付市场良性竞争与多元化发展，赋能中国出海企业更高效、合规地获取全球商机。公司旗下的连连国际通过联合行业内有资质的生态伙伴，为卖家、品牌商等不同发展阶段的跨境企业量身定制出海解决方案，力争将跨境服务融入各类贸易场景之中，覆盖到跨境贸易各个关键环节，构建更全面的跨境贸易服务生态，帮助中国品牌更好地走向世界。

为了向全球跨境电商卖家推选更多优质货源，2021年，连连数字旗下品牌连连国际启动"寻源跨境星产地"项目，通过新视角、新形式，挖掘全国各地跨境电商产业生态中的优质企业和产品，展示中国特色产业带的魅力。"寻源跨境星产地"项目让产业带之间相互取长补短，帮助新兴区域更好地走向全球，赢得更多海外市场的青睐。至今，连连数字"寻源跨境星产地"项目的脚步已走遍杭州萧山羽绒、浙江台州眼镜、浙江温州皮靴、湖州安吉椅业、安徽望江童装、安徽丁集婚纱、浙江海宁等多个城市产业带。

当然，跨境电商在全国的发展并不均衡，广东、浙江、福建等东南沿海地区比较发达，而中部、北部、西部这些地区仍处于发展的初级阶段，还有很大的增长空间。连连数字适时地推动中国国际投资促进会设立数字服务应用专业委员会（以下简称专委会），并由连连国际联席CEO担任秘书长。专委会旨在以开展跨境贸易服务和数字化升级工作为中心，创新跨境贸易合作模式，推动跨境贸易服务能力提质增效，深化跨境贸易全产业链数字化建设，促进跨境贸易行业投资扩大开放。专委会配合各地政府部门，在每一个核心环节发动行业头部服务商，提供包括平台、云服务、知识产权、营销、物流、金融等一系列从线上的SaaS平台到线下的全套服务，与服务商对接，争取当地政策支持，帮助中国产能出海。

2023年4月，在中国国际投资促进会数字服务应用专业委员会指导下，连连国际发起

"数智出海零门槛生态共建"项目（以下简称数智出海），希望能携手优质生态伙伴，整合资源、拓展边界，共同打破贸易壁垒，搭建互通贸易新生态，助力中国企业零门槛开启出海之路，展示了连连国际在外贸新业态、新模式背景下的战略布局，也彰显了其紧随全球数字经济大潮、积极响应国家稳外贸政策、全力支持外贸保稳提质的决心、能力与行动。该项目自启动以来成效显著，目前全国已有6个城市综试区/政府代表宣布加入"数智出海"生态项目。同时，连连数字已与全国30多家优质跨境服务商达成合作，搭建高效的全链路生态，共同推进跨境贸易产业发展、跨境电子商务完整产业链和生态链的建立与完善。

2024年4月，连连国际正式宣布启动"Go Global"项目，这是连连数字丰富全球化服务网络的又一次探索实践。"Go Global"项目旨在依托连连数字、连连国际强大的全球化服务能力、技术能力以及丰富的跨境服务经验、广泛的合作方等，聚合政府、企业和社会力量，消除信息差，打破贸易障碍，促进全球资源整合，为国内企业"走出去"和海外企业"引进来"，完善全球贸易生态系统搭建桥梁，进而助力新质生产力的加快形成、外贸的高质量发展和贸易强国建设，与世界共享开放创新机遇、共谋繁荣发展。

"数智出海"项目启动现场

另外值得一提的是，跨境电商行业的大量中小卖家在日常运营中普遍面临融资渠道少、成本高、授信缺失等短板和难题。针对这一"痛点"，连连国际协同持牌金融机构为有融资需求的卖家提供优质、便捷的金融服务，为金融机构提供数字技术的支持服务，推进中小卖家数据资产的信用化，搭建数字风控模型，有效盘活卖家数据资产，大大缩短了信息触达链路，降低了流通成本和银行借贷风险，有效助力跨境电商卖家提高融资效率。

跨山越海，乘势而上。连连数字正在最大限度地发挥全球生态连接的优势，以更高维度的用户心智引领行业，更好地推动数字贸易赋能共同富裕的具体实践，其共富"朋友圈"范围将会越来越广，人气越来越旺。

第三节　用科技之光照亮商业进化之路

技术是金融发展的驱动力，也是当代金融最鲜明的特色。连连数字通过科技创新驱动业务创新，建立起行业领先的数字支付服务体系，助力国内外客户实现数字化、国际化转型，让所有人能平等地享受便捷、安全、可靠的普惠金融服务，以科技向善的力量推动商业文明的进步。

一、数字技术重塑商贸竞争力

1609年，历史上第一家取消金属货币兑换业务转而发行纸币的阿姆斯特丹银行成立，并开始办理支付业务，成为欧洲国际贸易的票据结算中心。而从纸币支付进化到数字支付，又经历了漫长的300多年。

传统金融像一条河，而数字金融则是一片海。技术进步成为助力新一代数字科技公司发展的强大引擎。连连数字将技术能力视为公司的核心能力，不管是商业创新，还是模式创新、技术创新，始终是公司的创新核心，是企业发展的内在驱动力。公司几乎在每一次战略会上都会强调：宁可在某些具体业务上做一些取舍，但在技术上的投入必须非常坚定。四年来，每年的研发投入都占公司收入的20%以上，研发人员占比超过30%。

让数字金融需求能看见、可触达、被覆盖，通过技术手段优化金融服务资源配置，是产业升级中非常重要的一环。连连数字充分释放先进技术的红利，助力中国数字支付人才培养和技术创新生态的构建，缩短了数字支付的服务半径，提高了服务效率，加强了数字支付服务的横向覆盖、纵向渗透的能力，在全球范围内为数字金融生活赋能。

通过多年的资金投入和技术攻关，连连数字在技术研发和应用上建立起了一个非常强大的技术网络。这是连连数字在支付牌照之外的另一个领先优势。

公司根据对行业未来发展的判断和国际化发展愿景，建立了完善的技术创新保障机制，技术研发与业务拓展紧密结合、环环相扣，能够非常迅速地回应市场和业务需求。其研发线主要分成两大块：一块是整个基础的研发，主要关注前沿科技的发展动态，做前瞻性的布局和核心能力的建设；另一块是业务应用的研发，贴近实际应用，能够迅速回应业务需求，及时反馈市场变化。研发体系能够有效接通基础研究的"最新一公里"和市场应用的"最后一公里"，将最新的研究成果，用最短的距离、最高的效率应用到市场之中。

专有技术平台是连连数字业务营运及成功的关键所在。为应对全球贸易多渠道、高频率、监管规定复杂及发展迅速的特点，连连数字凭借多年来积累的大数据、人工智能、云计算及区块链等技术专长及专业知识，着力建设可靠、稳定的技术基础设施，开发出专有技术平台，覆盖支付、资金转账、全球资金分发、智能外汇处理、智能风险管理、智能反洗钱评估及交易真实性核查，具备支付网络动态选路功能的分布式支付平台技术和平均200毫秒内的单笔支付订单处理时间，有效提高了资金与信息的流动效率，其稳定性、安全性、灵活性及可扩展性极高，能够快速适应新垂直行业及业务场景的需求，持续创新迭代解决方案。

2023年，连连国际牵头承建的"数智出海SaaS综合服务平台"，致力于聚合政府、企业、市场等多方力量，共同搭建政企协同创新机制，以解决地方跨境贸易发展中存在的区域发展限制、服务配套设施不完善、信息盲区及信息孤岛、跨境收益外流等核心问题，构筑跨境贸易综合服务生态圈。该平台借助移动网络和各国运营商之间具有互操作性的技术，努力将更多目前被排除在金融网络之外的人连接起来。

连连数字非常重视技术人才梯队的培养，建立了完善的人才培养机制。公司采用外部引进和内部培养相结合的人才培养机制，人才梯队有层次、可持续，整个技术研发团队具备较强的持续性和支撑力，确保最新的研究成果能够用最短的距离、最快的速度和最高的效率联通起来。

二、向世界呈现科技向善的鲜亮底色

科技是一种能力，而向善是一种选择，商行天下与善行天下是一枚硬币的两面。能够透过"损益表"看到一个企业的社会价值，是有远见卓识的企业家长期主义思维结下的果实。

"金融支付是持牌经营的，要做就要做得长远，绝不当作暴利行业。"这是连连数字向社会宣示其以用户为中心履行社会责任的鲜亮底色和价值归依。

科技是发展的利器，但也可能成为风险的源头。金融业务的后台不仅是服务平台，同时也是管控平台，必须杜绝任何风险敞口。

因此，连连数字将人文价值置于商业活动的底层逻辑，将防范金融风险视为经营管理和业务开展的核心内容之一，在竞争、创新与合规、风控之间找到最佳平衡点的同时，对合规和风控"高看一眼"，主动对标行业最高标准，稳步建立了与公司战略相匹配、与公司业务特点紧密结合的全面治理体系，其完整的合规制度和立体式的风控体系成为企业稳健经营的重要支撑。

公司将合规视为企业的内在需要和内生动力。从创始人、管理层到普通员工，形成共识，不挑战监管底线，不损害大众利益，必须时时主动发现并积极解决合规风险隐患，将合规覆盖所有部门和全体人员，贯穿经营管理的全过程，自上而下地强调和推行。

当然，各个国家监管机构的法规体系、具体规则、监管预期和监管重点不尽相同，面临复杂多样的合规适配性问题，这使商户及企业备感压力。连连数字在每一个地方申请牌照的子公司，同时也是一个独立履职的主体，在总的合规框架下，进行本地化落实，每个子公司都有一个总经理负责制下的具有相关知识和背景的本地合规牵头管理人，与监管机构保持密切沟通。每项业务和资金经过每个国家和地区的时候，都要经过当地合规官的审核和批准，确保整个业务流程从端到端是合规的。

连连数字为自己设定了一个使命，就是要借助持续良性的沟通，帮助监管机构更加深入地了解金融企业和支付市场，制定更加贴近市场的有效监管政策，确保良好的市场竞争环境，让支付市场的发展更加健康繁荣。

如果说正确的金融价值观与合规的管理是金融创新扬帆远航的"方向舵"，那么数据治理和风险管控则是数字金融大航海时代的"压舱石"。

公司凭借自主研发的智能实时风险控制系统，资损率极低，在反欺诈、反洗钱等领域达到了行业领先水平，实现了更广泛、更高水平的安全性。公司依托强大的数据处理能力，搭建起了机器学习等智能算法平台，建立了覆盖用户全周期的数字化运营系统。技术平台具备每秒上万宗交易审查能力的先进反洗钱系统、PB级的数据处理能力和毫秒级的多维度风险控制指标的风险管理及监控。在海量和实时交易中，特别是在复杂场景和多语言环境下，能够快速地在几毫秒内发现问题与风险，大幅降低了交易资损率，达到了行业领先水平，为客户的安全提供了可靠的保障。在风险处理过程中，还做到了让客户"零感知"，整个风控拦截的过程不影响用户体验，最大限度地保障了交易过程的稳定和顺畅。

2019年，连连数字专门成立了标准化工作小组，参与浙江互联网金融标准体系与服务试点项目，主导完成《T/ZAIF 1001–2020 互联网金融组织全面风险管理指南》《T/ZAIF

1002-2020互联网金融组织数据分类分级指南》两项团体标准。公司还承担了浙江省科技厅多项重大科技项目，攻关风险识别技术，形成了自己的核心科技能力，构筑起强大的技术网络，整体风控水平处于行业头部。

连连数字在发扬改革开放以来既有优势的同时，不断提升和培育面向未来的新兴优势，在创新驱动、共富情怀的引领下，与国家战略同频共振、共生共荣，携手千行百业创造新时代金融科技的新伟业，向世界展示开放包容的中国风范和奋楫扬帆的"连连故事"。

连连园区一景

我们的征途是畅连全球数字贸易

——专访连连数字科技股份有限公司董事长章征宇

《样本》：请您谈谈创立连连数字，从事数字支付行业的初心。公司发展到今天，是否实现了您当初设定的目标？

章征宇：我们之所以取名叫"连连"，是因为我相信"连接创造价值"，我们通过服务跨境电商来连接中国和海外市场，通过支付科技服务来连接传统行业和数字经济，通过参与中国金融基础设施的对外开放来连接全球。同时，"连连"又意味着连续不断、连绵不绝，穿越周期、基业长青。所以"连接"既是我们的基因、我们的使命，也是我们的企业哲学。

我们的征途是畅连全球数字贸易。创新及推出新服务与产品的能力以及先于客户发现其潜在需求的能力，这在很大程度上帮助我们取得了成功。经过多年深耕，连连数字已成为全球数字贸易的推动者和排头兵。这是一条漫长的征途，我们取得了阶段性成果，但还有巨大的发展空间。

《样本》：作为一家数字科技企业，连连数字的发展战略和模式有何独特之处？

章征宇：通常来讲，数字支付企业切入行业有两种路径。第一种是"倒着来"，即先找到一个容易赚钱的小切口，跑通模式后实现业务规模、收入和利润，在这个基础上去市场融资，再逐步做合规化改进，但发展前景有巨大的不确定性。第二种是"正着来"，是指在公司成立之初，就在合规性框架下，先拿到所有的准入牌照，并愿意承受短期的利益损失，扎扎实实地把业务做大做强，最终实现盈利。基于对数字支付行业特点的理解，我们立足于长期主义，选择了"正着来"的战略和模式。事实证明，这是一条正确的发展道路。

做难而正确的事是我一直坚持，也是连连数字稳定的底层逻辑。这不是挖金矿、赚快钱，而是长期可持续、客户需要、社会欢迎、同行尊重。

《样本》：连连数字始终将价值增长和履行社会责任视作可持续发展的关键。请分享一下您的金融价值观和对科技向善的坚守。

章征宇：商业的原点是利他。持续为客户创造价值，既是连连数字战略的原点，也是业务生态的起点。连连数字的最终使命是"连通世界，服务全球"，我们正在运用科技智慧和商业力量普惠广大中小微企业和处于原有金融体系之外的群体，更好地满足实体经济和人民群众多样化的需求，致力于为经营所覆盖的每个国家和地区创造财富和社会价值，推动一个更加美好社会的到来。

数字化是手段而不是目的。我们不为数字化而数字化，而是旨在以科技创新引领现代化产业体系建设，将传统企业运营模式与现代信息技术相结合，借助数字化手段实现业务流程的改进、效率的提高和创新能力的增强。因此，数字支付的本质不是数字化本身，而是支持实体经济发展。

《样本》：连连数字依靠什么吸引优秀人才加入企业并为之拼搏？

章征宇：连连数字相信，人才是所有事业的根本和基础。公司大力投资人才，从全球各地招聘具有国际视野、行业知识、技术专长及当地经验的一流人才加入公司，并通过全球业务网络为员工的职业发展提供广阔舞台。为了建设高素质的团队，公司通过股份激励等方式留住具有专长和丰富经验的核心人才，增强团队稳定性，确保企业具备长期的核心竞争力。

《样本》：连连数字在运用最新人工智能成果促进数字支付技术创新应用方面有哪些新思路和新布局？

章征宇：最新技术的应用是数字支付解决方案提供商降低全球贸易成本与壁垒的关键。连连数字在港交所上市后，所得款项净额的约60%将用于提高技术能力，探索最新技术的应用。

未来五年内，公司将升级基于生成式AI的风险管理平台，利用云原生技术发展高可用分布式云计算中心，利用大数据和AI技术建立数字化运营平台，构建依托业务流程即服务解决方案的先进分布式组件化金融支付核心平台。此外，连连数字还计划与多家开发并利用先进技术的公司及机构合作，为本公司的平台引入更多开放技术，进一步提升公司面对复杂和不断变化的全球贸易环境、更好服务全球客户的能力，推动长期价值增长。

《样本》：在"一带一路"国家建设中，连连数字将如何更好地助力中国品牌"走出去"？

章征宇：多年来，连连数字在全球化战略推进的过程中，着重对"一带一路"国家进行业务布局，在助力中国企业拓展市场的同时，也以强大的本土化服务不断推动共建"一带一路"国家的企业走向全球市场。公司将持续加大投入、深化合作，建立服务"一带一路"国家建设的支付网络，力图以覆盖面更广、服务更深的支付力量，积极助力共建"一带一路"国家高质量发展走深走实，与共建国家携手铺就互联互通、共同发展的繁荣之路。

《样本》： 面对新一轮科技革命和产业变革，连连数字将如何融入长三角区域一体化发展，为培育发展新质生产力作出贡献？

章征宇： 长期以来，连连数字积极服务国家战略、服务实体经济，坚持立足长三角、扎根中国、面向世界，紧跟数字科技浪潮，切实发挥支付在贸易中的连接、赋能作用，持续探索新产品、新方案，积极参与到全球产业链、创新链，为企业数字化转型及开拓国际市场"保驾护航"，已成为助力中国乃至全球贸易发展的重要力量。

面对新一轮科技革命和产业变革，连连数字将进一步提升公司的技术能力，持续推进支付应用的技术升级和发展迭代，满足客户除现有数字支付服务外的其他需求，实现增值服务的多样化；加强海外市场布局，扩大公司的客户基础，并强化服务能力，全力推动商户和企业的数字化、智能化转型升级，形成产业新动能，以高质量数字支付服务，助力培育新质生产力。

构建新时代数字支付的新生态

生态兴，万物生。

在浩瀚蔚蓝的地球表面，拥有世界最大热带雨林的亚马孙河流，孕育了250万种昆虫、上万种植物、2000多种鸟类和哺乳动物，以其生机勃勃和生物多样性的独特景象引人入胜，被誉为"地球之肺"。这不仅仅是一个自然奇观和关于生态平衡及多样性的生动例证，也启示了我们在商业世界中实施生态策略的重要性。正如亚马孙雨林通过多种生物相互作用、共生共存创造了一个稳定而充满活力的生态系统，连连数字在商业领域也通过建立多元化的商业生态圈来确立其在数字支付行业的竞争优势。

作为中国率先在全球范围内提供广泛支付解决方案的数字科技公司之一，连连数字通过持续构建基于全球牌照布局与监管合规框架的业务、专有技术平台、一体化解决方案等，深入涉足多个行业的全球贸易活动，赋能商户及企业在全球贸易数字化转型中取得成功。连连数字的商业模式特征在于如何将不同的业务实体和服务整合到一个共生的生态系统中。公司不仅提供基础的支付服务，还延伸到金融技术、数据管理、风险控制等多个领域，与各类商家和消费者建立了多方合作。这种模式正如亚马孙雨林中的生物多样性，每一个生态位都被不同种类的生物所占据，相互之间形成了食物链和能量流，保证了整个生态系统的高效运作和稳定性。因此，连连数字所构建的商业生态，不仅有助于企业自身的持续增长和竞争力提升，更能促进整个行业的创新和健康发展。

当前，日趋成熟的数字科技深耕者开始通过平台将触角伸向全球细分领域。连连数字发挥AI、区块链、大数据等基础研发优势，针对场景需求，推出一系列数字支付服务解决方案，帮助各类企业和商户实现数字化、网络化、智能化，创造出更具效益和前景的成长空间，有效解决支付服务的触达、风控、合规等环节的难题，提升金融服务体验，让所有人能平等地享受更为便捷、安全、可信的数字支付服务。我们通过连连数字的实践，看到了以人工智能创造数字支付的新一代可持续解决方案的可行性；同时也发现，要让数字科技更好地服务企业和社会，不能靠单一的数字科技，甚至过于追求"炫技"，而是需要更具全局视野、系统思维的技术创新方案和卓有成效的务实行动。

　　相比利润增长，培养一种面向未来的、能够在商业和资本市场上实现价值增长的能力更为重要。如何匹配供给侧改革，为个性化、多样化、便捷化的生产、流通和消费提供服务，其核心问题在于有效解决普惠难题，为千万家小微企业和几十亿普通消费者提供平等的数字科技服务。作为数字服务代表企业之一，连连数字始终坚持"支付为民"的初心，通过整合各种商业资源和技术创新，建立了一个涵盖金融科技、数据分析、消费者行为研究及风险管理的全方位服务平台，提供全生命周期陪伴服务，做长价值链、做优产业链，不断丰富完善产品体系，围绕产业需求、市场痛点，打造数字化、智能化的综合服务解决方案，多方位助力跨境电商抢占全球市场，更好地发挥数字贸易赋能共同富裕的具体实践。

　　在新时代演绎着的"连连故事"，生动呈现了全球化在中国的兴旺景象。连连数字不断突破边界、超越自我，在持续的自我革命和自我蜕变中向前发展，使得"企业发展与社会责任共生共荣"的商业理念从抽象走向了具象。在全球贸易保护主义抬头的今天，以连连数字等为代表的中国数字科技力量，正以发展新质生产力为引领，通过认知重建和体系重构，摆脱对旧有发展模式的路径依赖，以自主创新激发全产业链的价值攀升，推动中国企业深度参与全球竞争，重构全球产业格局，培育和壮大产业未来发展的新势能，为促进可持续发展，发现新知、找到新解法。

吴晓波　浙江大学社会科学学部主任

第五章
攻坚新型材料，紧拥新质时代

——杭州福斯特应用材料股份有限公司

- **楔子：** 苟日常新为明天

- **企业概况：** 光伏胶膜排头兵，国产替代先行者

- **创新解读：**

- **企业家专访：** 充分发挥先发优势，持续专注新材料产业

- **专家点评：** 中国优质产能竞逐全球市场

苟日常新为明天

作为重要的支撑产业，材料技术的发达程度决定了制造和装备的先进水平。中国新材料业经过多年发展已经在诸多细分领域形成成熟的产业链。同时，一批优秀的新材料领军企业也在逐渐成长，共同推动中国新材料产业的发展。

杭州福斯特应用材料股份有限公司（以下简称福斯特）正是我国新型材料业的代表。公司自2003年开始开发光伏胶膜，2009年进军背板领域，通过自主研发，突破了产品配方、工艺控制和设备制造的技术难点，凭借超高的产品性价比和本土化服务优势，快速切入市场。光伏封装胶膜和背板是光伏行业不可或缺的核心辅材。随着中国光伏产业的蓬勃发展，福斯特不断提升市场占有率，成长为全球光伏封装材料的龙头企业。

新质生产力的提出，不仅意味着以科技创新推动产业创新，更体现了以产业升级构筑新竞争优势、赢得发展的主动权。福斯特以国产替代为己任，战略眼光精准，发挥材料技术、自主研发优势，加速科技创新突破。自2013年开始，公司通过前瞻布局，研发印刷电路板核心材料，投入大量资源进行感光干膜、挠性覆铜板、感光覆盖膜等产品的产业化探索。如今，在技术上已能够比肩海外同行。公司成功研发并量产了多款可以应用在电子信息产业的新型材料产品，不仅成功打破了中高端电子材料外资垄断的市场局面，也为公司创造了新的盈利增长点。

新质生产力还体现在对数据、人工智能、自动化制造设备等新型劳动工具和对象的充分利用上。福斯特拥有核心设备自主研发设计能力、生产及品质控制全流程智能管理系统自主开发能力，是业内少数具备全产业链自主研发配套能力的技术性企业。

在制造强国的转型升级过程中，福斯特坚定新型材料的科创正见，向成为产业化战略的平台型技术公司不断迈进。

企业概况

光伏胶膜排头兵，国产替代先行者

福斯特（股票代码：603806）成立于2003年，总部设于浙江省杭州市临安区，是一家专注于高分子新材料研发、生产和销售的高新技术企业。公司在中国浙江、江苏、安徽、香港以及泰国、越南等国家和地区拥有多家子公司，主要从事光伏材料、电子材料、功能膜材料等业务。

福斯特杭州总部

一、全球最大的光伏胶膜供应商

光伏封装材料业务是福斯特的核心业务。公司的主导产品是光伏封装材料太阳能电池胶膜，搭配推出太阳能电池背板。2023年，公司的光伏封装材料业务年销售额达218亿元。

2003年，福斯特成功开发出EVA胶膜，一举打破此前被胜邦、三井化学等四家外资企业垄断的市场格局。2008年，凭借扎实的技术研发和产品超高的性价比，福斯特迅速打开胶膜市场，跻身全球EVA胶膜行业前三强。随着中国光伏行业的蓬勃发展，福斯特很快成为全球最大的光伏胶膜企业，全球市场占有率超过50%。

近年来，全球光伏需求景气高，光伏新增装机量持续旺盛，带动了胶膜需求的快速提升。公司不断扩大产能，完善胶膜品类并提高质量。公司的光伏胶膜产品系列丰富，已涵盖适用于多晶硅电池、单晶硅电池、薄膜组件、双玻组件、单双面电池等不同技术路线的多样化需求，能够全面适应、满足下游高效、高可靠组件对封装材料的多样化需求。

2009年，公司开始投入光伏背板业务的研发和生产。由于客户同源，依托胶膜渠道优势搭配出货。面对电池组件在分布式、轻量化领域的新增需求快速上升的市场行情，公司凭借含氟涂料涂覆成膜技术的优势，高效开发出功率增益型黑色背板、绿色无氟环保型背板等新产品。差异化的市场策略既保证了对优质客户的持续供货，又不断拓展新客户，继续提升公司背板产品的市场占有率。截至2023年第三季度，公司在光伏背板市场排名快速提升，出货量全球排名第二。在光伏材料方面，公司业务还包含BC电池用绝缘胶、薄膜组件用丁基胶、OBB技术用连接膜等辅助封装材料，呈现出多元化结构。

光伏产业蓬勃发展，技术升级快速迭代，市场发展日新月异。作为产业链中游的服务型制造企业，福斯特始终坚持"客户第一"的原则，紧贴市场、坚持研发，在激烈的创新竞争中，始终领跑。

背靠百亿元的营收体量，公司每年的研发费用率保持在3%~4%。上市至今，福斯特累计投入研发费用已达30.84亿元。

在产品创新能力上，当前电池技术处于P型转N型的关键阶段。公司通过POE类的胶膜和EVA类的胶膜的不同组合，为N型组件提供最佳性价比的封装方案。

福斯特的现有产能规模遥遥领先于行业平均水平。在产能布局方面，公司海内外产能多地开花，加大了公司的规模优势和未来盈利的能力。

多元化业务提升了福斯特在光伏封装材料领域的综合优势。从全球范围来看，福斯特的行业龙头地位稳固。

二、国内领先的电子材料先驱

新一轮全球范围内的科技革命极大地推动了电子信息产业的蓬勃发展。随之而来的，是产业链上众多新型电子材料需求的快速提升。

福斯特坚定地推进实施"立足光伏主业、大力发展其他新材料产业"的发展战略。在继续巩固公司光伏材料的行业龙头地位的同时，基于自身共性技术平台和多年的研发投入，向电子材料领域拓展布局。

依托成熟的关键共性技术，公司已成功实现感光干膜及其关键配套原材料产品的技术突破, 并已完成了产品小试、中试、批量生产和种子客户的导入, 产品已进入大型PCB厂商的供应体系, 技术指标与国际同行保持相同水平。2023年, 公司电子材料业务销售收入5.20亿元, 市场占有率在10%左右。福斯特改变了全球感光干膜市场中高端高解析干膜被日本、韩国和美国等国家的公司垄断的局面——在电子电路材料领域, 福斯特再次证明自己是国产替代的标兵。为了抓住业务快速发展的大好契机, 福斯特加快感光干膜和挠性覆铜板 (FCCL) 的扩产, 争取三年到五年内实现公司成为全球电子材料产品头部供应商的发展目标。

此外, 公司其他新材料的研发及扩展进展显著。铝塑复合膜、水处理膜支撑材料等产品正加快推进量产化, 在新百亿级别材料领域占据领先地位, 为公司创造了新的盈利增长点。两年来, 福斯特在电子材料业务的出货量和产品结构优化方面取得了重大突破。新业务的扩张将优化公司产能布局, 增强公司的抗风险能力及经营稳定性。

专注和进取, 让福斯特得到行业与社会的认可。在科技创新领域, 公司成功获评浙江省首批雄鹰企业、浙江省科技领军企业, 荣登 "2023福布斯中国创新力企业50强" 榜单。福斯特是2022年中国制造业民营企业500强、浙江省制造业重点行业亩均效益领跑者, 充分展示了自身出色的经营管理能力。在 "绿色" 和 "数智" 发展方面: 2021年, 公司当选 "浙江省绿色低碳工厂"; 2022年, 福斯特成功获评 "国家绿色工厂"、杭州市 "总部企业" 及 "未来工厂"。

通过不懈地研发创新, 紧贴市场的商业探索, 公司已经形成产品研发、配方改良、生产线设计、设备制造、客户端应用等方面完整的解决方案和能力。公司的愿景是成为拥有品牌优势、可持续创新和发展的全球化、技术型优秀企业。

第一节　光伏产业链上的隐形冠军

新材料是战略性、基础性产业，在新材料领域培育新质生产力意义重大。从新材料领域理解新质生产力的"新"，第一是性能新，第二是工艺新，第三是应用领域新。

一、新材料：现代化产业体系的关键支撑

新材料是整个制造业转型升级和工业绿色发展的产业基础，是实体经济的根基，是支撑国民经济发展的基础性产业和赢得国际竞争优势的关键领域。提高新材料产品质量，全面突破关键核心技术，攻克"卡脖子"品种，对于推进我国产业基础高级化、产业链现代化、推动技术创新以及支撑产业升级具有重要的战略意义。

新材料技术的突破将在很大程度上推动社会进入第四次工业革命。电气、汽车、纺织、石化、计算机、航空航天等传统产业正面临基础材料的升级换代。而生物工程、新能源、新一代信息技术等新兴产业的爆发式成长更离不开新型材料的突破。

新材料是决定一国高端制造和国防安全的关键因素。新材料产业的发展具有重大的战略意义，也是国际竞争的重点领域之一。

长期以来，新材料产业的创新主体是美国、日本和欧洲等发达国家和地区。当前，发达国家将新材料的产业发展摆在十分突出的位置，密集出台了许多重大的规划政策，从研发投入、市场培育、法律制度方面给予大力支持，努力保持发展先机。

我国新材料产业从无到有，不断壮大，如今已经成为名副其实的材料大国。近年来，产业的年均复合增速更是超过20%。

目前，我国新材料正处于由大到强转变的关键时期，亟须突破的关键问题包括：先进基础材料多个领域产量世界第一，但品质不高，出现产能过剩；关键战略材料产业链上下游脱节、成套技术不完备，部分产品对外依存度高且受海外严格管制；前沿新材料擅长跟踪模仿，原始创新不足，转化率较低，等等。

我国政府高度重视和支持新材料产业的发展，新材料同时也是我国七大战略性新兴产业和《中国制造2025》重点发展的十大领域之一。《"十四五"原材料工业发展规划》提

出：到2035年，成为世界重要原材料产品的研发、生产、应用高地，新材料产业竞争力全面提升，绿色低碳发展水平世界先进，产业体系安全自主可控。

二、光伏大发展时代，辅材行业快速增长

胶膜是光伏组件的重要辅材，处于太阳能发电（光伏）产业链的中游。

光伏胶膜

胶膜产业链上游，核心原料EVA及POE树脂属于高端聚烯烃材料，过去主要由海外化工巨头，如陶氏化学、埃克森美孚等提供，是近年来国内大炼化企业的重点布局方向。

以福斯特为代表的中游胶膜生产制造厂商以树脂为主要原料，通过添加适当的助剂，利用设备流延挤出成型等工艺技术，制得薄膜成品供下游组件厂封装时使用。

下游是光伏组件厂商。典型的光伏组件为平板式封装结构，自上而下分别为边框、光伏玻璃、封装胶膜、晶硅电池片、封装胶膜、背板（或光伏玻璃）、接线盒。其中，上下两层封装胶膜将晶硅电池片与光伏玻璃及背板进行黏结。胶膜对太阳能电池组件起封装和保护作用。同时，为提高光伏组件的发电效率，还须确保阳光最大限度地透过胶膜到达电池片。因此，胶膜是光伏组件封装的关键辅材。

光伏组件是光伏发电系统的核心装置。可见，光伏的新装机需求决定了组件的需求，进而决定了光伏胶膜的需求。

加快推广以太阳能光伏发电为代表的可再生能源，是全球实现2050年净零排放的关键技术手段。近年来，全球光伏行业维持高速发展态势。2022年全球光伏新增装机量约230GW，同比增长35%。展望未来，在度电成本持续下降以及各国纷纷上调可再生能源装

机规划目标的背景下，全球光伏市场的发展前景长期向好。中国光伏行业协会（CPIA）预计，2025年全球光伏新增装机将达到324~386 GW，2030年则有望提增长到436~516 GW。作为光伏组件的必备辅材，封装胶膜的需求量，也将伴随装机量增长而同步增长。若按照容配比1∶1.2估算组件出货量，每1GW组件胶膜用量为1000万平方米的比例进行换算，则光伏胶膜需求量将从2022年的27.6亿平方米增至2025年的54亿~60亿平方米，未来3年年均复合增速在25%~30%。

中国光伏行业在国际中的地位显著。

首先，中国是全球最大的光伏市场，占据了全球光伏市场的一半以上。2023年，国内光伏新增装机216GW，同比增长148%，增速明显快于全球水平。中国企业是封装胶膜行业绝对的主导力量。目前，全球胶膜产能主要集中于9家公司，占据了全球90%以上的市场份额。

中国在全球光伏市场中的影响力不仅体现在庞大的市场规模，更在于中国光伏拥有全球最完整的光伏产业供应链，主要生产环节产能的全球占比均超过80%。因此，中国在产业链技术创新方面的引领价值凸显。举例而言，电池技术升级是提高光伏组件转换效率的关键。以TOPCon、HJT为代表的N型电池具有更高的转换效率潜力、更低的光衰减率和温度系数，已成为下一代电池技术的主流发展方向。N型电池放量的同时，有着更高的发电效率的双面组件也成为下一阶段的确定性趋势。

光伏组件的技术变革同样推动着封装材料的产品快速升级。为了提高组件效率，近年来，单面组件的下层封装已普遍升级为光反射率更高的白色增效EVA胶膜。由于TOPCon电池片正面栅线使用了银铝浆，在高水汽环境下容易被老化腐蚀，导致组件效率降低。因此，高水汽阻隔率、抗电势诱导衰减（Potential Induced Degradation，简称PID）性能优势明显的POE胶膜是N型组件封装材料的首选。

第二节　坚定国产替代的研发战略，拓展新型材料的应用空间

对于新材料产业来说，新质生产力带来的是发展命题，也是创新命题。要以前沿创新、产业创新、模式创新引领新质生产力。同时，还要做好新材料、新技术、新产品的转化应用，让新质生产力转化为现实生产力。

从事新型材料研发、生产和销售的企业正是实现这一转换的关键。填补国产空白，解决关键产业链上一个又一个"卡脖子"的难题，企业的创新更承担着统筹安全和发展的国家使命。

一、专注全流程自主创新开发，成就全球龙头

2003年，福斯特依托热熔网胶膜从业经验，开始研发和生产EVA胶膜，由此进军光伏领域。此前，全球胶膜市场一直被四家外资企业垄断。

今天，福斯特已是全球领先的光伏胶膜供应商。过去几年，公司在全球的市场份额始终保持在50%左右，遥遥领先处于第二梯队的友商，是无可争议的行业领导者。

福斯特的胶膜技术创新亮点之一是配方。光伏组件的运营寿命要求一般在25年以上，且光伏组件的封装过程不可逆。因此，封装胶膜的透光率、收缩率、延伸率、剥离强度、交联度、耐老化等方面都有着严格要求。上述性能要求的关键在于胶膜配方。福斯特在热熔胶网膜的生产过程中已积累较为雄厚的配方研发实力，并将技术应用于光伏胶膜的研发和性能提升。

正是基于配方自研的核心优势，从全球范围来看，福斯特的胶膜产品最为齐全，可以满足不同组件的下游需求。

在掌握配方优势的同时，福斯特非常注重设备工艺的持续创新。这一优势使福斯特在激烈的市场竞争中，持续展示出超高的产品性价比。与行业通行的外购设备模式相比，福斯特通过核心设备自研，不仅大大降低了采购成本，更使设备和工艺高度适配，这使得公司设备的稳定性和生产效率高于竞争对手。由于具备了更高的设备熟悉度和产品融合度，福斯特能够加快响应速度，提高产品的研发效率及设备优化升级，在下游组件需求快速变化的过程中确保市场占有率。

20年来，福斯特专注于自身技术的提升，掌握了产业链核心设备自主研发设计能力、生产及品质控制全流程自主开发能力，是业内少数具备自主研发成套设备能力的高新技术企业。

对于福斯特而言，服务是一种以创新为底色的综合能力，是其巩固龙头地位的关键。光伏胶膜属于渐进式技术创新和服务型制造业。近年来，光伏组件技术进步速度加快，当前市场热点技术对光伏胶膜产品提出了齐全、差异化的封装要求。随着定制化程度的提高，技术创新将逐步成为除了产能规模与成本控制之外的又一竞争焦点。这就要求胶膜厂商具备持续配合下游组件厂商进行技术迭代及产品验证的能力。福斯特凭借近20年在关键技术的研发优势、与优质客户长期互信的市场优势，极其重视下游客户的技术迭代需求，并与核心客户共同研发创新，不断在前瞻性研发领域发力。

面对海外光伏组件产能不断增长的产业趋势，福斯特引领行业，加速升级全球化布局。福斯特是光伏胶膜行业内率先在海外布局产能的企业。公司首个海外生产基地选址泰国，已于2018年正式投入使用。近年来，泰国基地的生产经营状况良好，很好地满足了美国和东南亚市场的客户需求。

随着东南亚组件产能的扩张，福斯特继续在泰国、越南等地扩张优势产能。2022年，公司计划对泰国基地的胶膜产能实施扩产。同年，经过前期充分的市场调研和论证，福斯特决定在越南新建生产基地并实施年产2.5亿平方米高效电池封装胶膜项目。2023年，福斯特计划实现光伏胶膜年设计产能超25亿平方米，预计可封装260GW组件。

2009年，福斯特启动开发光伏背板产品。光伏背板是组件背面的封装材料，处于光伏组件最外层，主要用于抵抗湿热等环境对电池片、EVA胶膜等材料的侵蚀，起到耐候和绝缘保护的作用，并在一定程度上提高光伏组件的光电转换效率。因此，背板是影响光伏电池组件寿命的重要因素。

涂覆型光伏背板是公司重点投入的自主研发产品。随着终端市场对光伏背板产品性价比的重视程度提升，公司差异化的产品策略得到了下游需求的回应。凭借成熟的背板研发生产体系和销售体系，福斯特的背板产品出货量和市场占有率快速提升。2021年，高反黑背板获得了下游头部客户的全面应用，成为近年光伏背板行业的标杆产品。背板构成了公司营业收入的主要来源，2023年，福斯特光伏背板的销售量已在全球排名第二。

未来，公司将积极评估在其他国家和地区建设光伏胶膜和光伏背板的可行性和必要性，顺应光伏行业的发展趋势，继续升级全球化布局，进一步巩固公司在全球光伏封装材料领域的领先地位。正是对于创新的不断突破，福斯特公司始终保持着全球光伏胶膜龙头企业的地位。同时，公司也已经成为光伏背板产品的头部企业之一。

二、打破垄断，电子材料业务勾勒第二成长曲线

近年来，福斯特努力推进"立足光伏主业、大力发展其他新材料产品"的发展战略，其最显著的成果就是对印制电路板领域的研发和探索。

印制电路板（Printed Circuit Board，简称PCB）被誉为"电子产品之母"，是电子元器件相互连接的载体，几乎是所有电子产品中不可或缺的元件。预计到2027年，PCB全球生产规模将接近千亿美元。

PCB产业一般包括上游基材（包括电解铜箔、木浆纸、玻纤纱等）及电子化学品材料（树脂、油墨、蚀刻液等）；中游覆铜板生产和印制电路板生产；下游是包括通信、计算机、航空航天、消费电子、汽车、工控医疗等几乎所有的电子信息产业领域。

在PCB线路的制造加工过程中，贴合在覆铜板上的感光干膜经紫外线的照射后发生聚合反应，形成稳定物质附着于铜板上，从而达到阻挡电镀、刻蚀和掩孔等功能，实现PCB的图形转移。感光干膜的质量直接影响PCB板的加工精度，对电路板的质量起决定作用。

我国是全球PCB最大的生产国，但在感光干膜方面的起步较晚，自给率较低。

敏锐的市场洞察力使福斯特充分重视电子材料领域的发展潜力。长期从事光伏封装材料领域所积累的薄膜形态高分子制备技术体系则给了福斯特进军新领域的科技创新底气。

2013年开始，福斯特积极开展对PCB领域的电子材料进行重点研发和产业化探索。基于薄膜形态高分子材料的关键技术共性，公司已成功实现感光干膜及其关键配套原材料产品的技术突破，并已完成产品小试、中试、批量生产和种子客户的导入。其中，具有较高技术含量的激光干膜产品获得业界好评，已经位列相关国产品牌第一。福斯特成功改变了全球感光干膜市场中高端高解析干膜一直以来被外资公司及中国台湾地区的公司垄断的局面。公司在用于激光直接成像（Laser Direct Imaging，简称LDI）工艺的感光干膜产品技术上实现突破后，在中端产品领域开发的激光直接成像专用干膜也已经成功实现产业化经营，产销量持续增长。目前，公司的感光干膜产品已达到可用于IC载板/类载板制造所需的分辨率要求，相关产品正在积极向下游载板生产厂商进行验证导入和批量化销售。

感光干膜

技术创新实现突破后，福斯特迅速扩充产能。公司通过2022年发行可转债募集资金，开始启动"江门年产2.1亿平方米感光干膜项目""杭州年产1亿平方米（高分辨率）感光干膜项目""年产500万平方米挠性覆铜板（材料）项目"。

除了感光干膜产品，福斯特的其他新材料产品的研发也进展显著，扩产有序。例如，挠性覆铜板（FCCL）产品是柔性印制电路板（Flexible Printed Circuit，简称FPC）的核心加工基材。FCCL的设备完备度进一步提升，具备自主生产FCCL双面板的能力，有望带动FCCL产品整体销售的快速增长。又如，感光覆盖膜的产品应用积极向Mini-LED领域拓展。再如，铝塑复合膜的应用以消费电池为主，可拓展到动力电池及储能领域。2021年，公司首次完成2000万平方米量产线的投放。2022年，量产线产品在客户端通过验证。此外，水处理膜支撑材料品质持续提升和优化，已形成一定规模的销售，同时不断拓展应用领域，开展反渗透、超滤方向布局。

从市场的角度看，作为公司"后起"业务的电子材料业务，依托现有的海外生产基地快速拓展业务，不同板块的业务之间将形成协同效应。

三、自主开发，数字成为生产力的创新要素

随着企业规模不断扩大，2019年福斯特领先同业，总经理亲自挂帅，开始了数字化探索。

福斯特在数字化的前期调研过程中发现，不论是欧美还是国内的系统，在实际使用过程中的体验都不完善。经过内部评估，公司决定对数字系统进行自主研发。

福斯特的数字化探索之路求真务实。数字化创新根据运营具体需求立项，目标是实现业务痛点环节各个击破。

在项目执行的过程中，福斯特制定了明确的开发目标，并以三年为工作周期，对执行过程进行实时管理。2019—2020年，技术开发团队以感光干膜业务为试点，成功开发ERP系统。2020—2021年，公司核心业务胶膜ERP系统进入开发阶段，并在滁州新基地投产前正式上线。同年，与原有的记账式系统实现了新老系统的全部切换。2021年开始，公司的库存管理系统WMS开发成功，过去由于人工操作导致的废料损失、拣货发货的失误率降低为零。公司的供应链、制造、销售、售后、人力及访客等环节的相关系统也逐一建立。

2022年开始，数字化的第二个三年开启，核心任务是打破信息孤岛，实现各系统和业务之间的信息互联。

2023年，福斯特的数字化系统有能力实现业务成本核算T+1的快速响应。公司能够对客户提出的产品溯源等要求及时做出反馈，不同地区的生产基地、业务板块由总部的信息中心实行统一管理。公司自主研发的自动化语言翻译系统，更是极大地提高了公司跨国业务和基地的数字化协同。

在薄膜行业，福斯特的数字化进程领先优势明显；在临安，福斯特是制造行业数字化

的优秀代表。

面对未来,公司提出了超前布局AI、积极储备工业软件开发人才的发展计划。公司以做浙江数字化企业的第一梯队为下一阶段的奋斗目标。

第三节　龙头的胸怀,创业的内核

作为新能源产业,福斯特一直从增长和机遇的角度看待可持续发展问题,并积极制订一系列计划,以推动实现"双碳"目标。公司不断适应和拥抱变化,推动自身转型和变革,激发内生活力,保持基业长青和永续发展。

一、以人为本、务实奋进的企业文化

今天的福斯特已经发展成为多业务板块经营、跨地区跨国际、业务体量巨大、员工数量众多的行业龙头企业。

公司始终坚持以人为本,创建平等关怀的企业文化。公司不断完善人力资源管理体系,建立健全市场选人用人机制。公司要求平等对待不同性别、年龄、文化和民族背景的员工。截至2023年年末,公司劳动合同员工总人数为4549人。其中,1名为港澳台员工,152名为泰籍员工。公司的劳动合同员工中3437名为男性员工,1112名为女性员工,女性员工占比24.44%。

福斯特是制造业企业,一线工人人数占比60%以上,实行倒班制工作流程。福斯特坚持合规研发生产,为员工提供安全健康的工作环境。为了给员工提供安心又便利的居住环境,福斯特斥巨资建造员工宿舍楼,并配套了食堂和娱乐体育中心。厂区还设有乒乓球、台球等休闲设施,员工在午间或倒班间隙,可以放松精神、舒展身体。临安总部有大量当地工人,每年的山核桃采摘被当地视为非常重要的家庭团聚活动。福斯特依此安排农忙假期,照顾当地员工的生活习俗。

"谦虚、好学、团队精神"是福斯特的核心理念之一。创建"学习型组织"是构筑企业文化、展现企业核心理念的重要途径。公司以"福斯特大学"为载体,建立全员覆盖、全员管理、分级组织的培训体系,为员工的能力提升和职业发展创造平台。

为了提升公司中层管理干部的综合能力,公司组织开展"青藤计划"管理干部训战营。该项目全程聘请外部专家进行授课，全方位、多角度对管理干部进行知识培训、实践转化。项目通过"定目标""建方案""抓执行""晒结果"，对管理者进行赋能，通过实践工作坊的形式进行实战训练，不仅让大家积极参与学习，还可以通过项目学习解决工作中的实际问题，从而提升企业绩效，促进年度经营目标的达成。

对于有意向持续学习并快速成长的员工，公司通过"青苗计划"开展一系列课程，如安全、质量、精益生产、团队管理等，系统全面地教授管理类课程。同时，公司还组织读书分享会、对标游学、户外拓展等学习活动。学员既能学习各方面的管理知识，又能通过理论联系实际，在工作中落实多项改善项目的实施，切实做到学以致用。

公司的"新芽计划"则意在让应届毕业生快速融入公司，适应新的工作岗位，顺利从"校园人"转变成"社会人"。该项目通过如企业文化、质量、产品知识、安全类常规管理课程，以及社交礼仪、职业发展类职场通用课程，并结合福斯特线上云教学课程的学习，辅以户外拓展等课程，帮助"新鲜血液"形成学习交流圈，便于大家在工作与学习上进行交流。

福斯特研究院

为了提升各车间班组长的管理理念、知识、技能、业务素养，促进和带动生产车间员工整体素质，公司还组织召开一线班组长的人员培养项目。项目对一线班组长的工匠精神、领导力、阳光心态、有效共同技巧等方面进行培训，同时要求一线班组长对一线员工进行转训，共同学习、共同成长。

公司以人为本的企业文化体现在不断升级的管理制度创新上。公司自设研究院，鼓励和扶持科技创新项目的孵化,鼓励科技创新向现实生产力的转化。对于通过中试的创新项目,公司成立业务部,并给予进一步的量产和销售支持。2022年以来,福斯特通过将重点业务部门升级为子公司、强调扁平化管理、股权激励机制等一系列举措,加速新型之火的燎原之势,极大地鼓舞了年青一代的技术创新。对于中层管理人才,福斯特提供多渠道的发展晋升机会,用成长吸引和留住高端稀缺人才。

福斯特是一家拥有龙头胸怀、志在全球的企业。正是组织文化管理体系的不断创新发展,才使得企业能够持续吸收新生力量、留住精英骨干。不断内生和分裂新的增长点,让企业保持着创业阶段的激情,因而成就了其自身的持续成长。

二、回报社会,可持续发展

在福斯特的领导者看来,企业在创造利润、对股东和员工承担法律责任的同时,还要对消费者、社区、环境承担责任。

身处光伏新能源电力产业,福斯特以身作则,尊重自然,生产绿色环保产品,建立绿色发电站,成为绿色工厂,通过实施积极的环境保护措施,实现人与自然的和谐发展。在加快产能扩张、稳定市场格局的经营管理过程中,福斯特积极践行“负碳地球(Solar for Solar)”理念,除自身厂房屋顶建设分布式发电系统外,还专门开辟业务板块开发各类型的光伏电站。未来三年到五年内,公司预计将投入5亿~10亿元的资金,用于光伏材料和电站业务的建设。在日常运营中,福斯特严格遵守《中华人民共和国环境保护法》等相关法律法规,切实做好环境保护工作。首先,实施各环保设施均与正常生产设施同步运行、同步检修、同步维护的管理制度,确保环保设施的稳定运转。其次,不断强化环保设施运行过程管理,确定了重点环保设施名单及重点环保公益参数,结合装置运行平稳率对污染物排放实施前置管理,提高环保设施运行的稳定性与处理效率。最后,通过定期对污染物排放水平进行监控,确保污染物排放稳定达标。

福斯特满怀感恩之心,始终坚持回报社会的理念,热心参加公益慈善事业,帮助弱势群体,奉献爱心。

首先,福斯特支持乡村振兴战略,依托光伏产业优势,通过捐赠分布式光伏发电系统加以长效的乡村振兴战略,同时积极支持乡村的文化建设。

其次,福斯特还重视和社区的伙伴关系,除合法合规经营、为社区创造经济效益和就业岗位以外,积极参与社区公益事业,为社区的老人和儿童捐赠专项资金。

最后,福斯特也热心公益事业,重视困难群体帮扶,积极向各类公益事业捐款,通过“春风行动”、教育基金等活动奉献爱心和善举。

充分发挥先发优势，持续专注新材料产业

—— 专访杭州福斯特应用材料股份有限公司董事长林建华

《样本》：随着光伏产业的迅速发展，公司的主营业务成长迅速，全球市场占有率为50%，遥遥领先于同业。近年来，电子新材料板块迅速崛起，为企业创造了新的增长点。请您分享一下福斯特的成功经验。

林建华：近年来，下游电池组的技术迭代正处于革新的关键时点。这意味着，材料企业需要及时适配不同企业的差异化技术路径。

要让企业保持竞争力、持续"领跑"，我们始终要有居安思危的意识和为"明天"做技术创新储备的行动。把商业竞争的"危机感"转化为对科技创新的敏锐度和龙头企业的使命感，这是企业基业长青的根本。

一家公司如何面对竞争，关键是不断地研发创新，做差异化的产品。所谓可转换成现实生产力的科技创新，所谓差异化产品策略，本质都是服务客户的能力。现阶段，同质化的产能是过剩的。但是我们有很多差异化的产品，可以满足各种客户不同的要求，而这个优势得益于创新研发的长期积累。

除三大业务事业部外，我们单独设立了新材料研究院，专门负责新老产品的研发升级工作，利于集中资源专注研发，研发效率及成果转化优势更为明显。

此外，我们很多的创新举措都是客户推动的。作为服务型制造业，"客户第一"的本质是我们要想客户之所想，能够为客户创造超乎他们预料的价值。

《样本》：福斯特长期稳固全球光伏胶膜领域绝对龙头的位势。除了重视创新和市场，在"软实力"上的竞争力是如何形成的？

林建华：我们的核心研发团队、中高层管理团队一直都非常稳定。公司的组织特色之一就是培养子弟兵的传统。比如，我们的研发核心成员都是从应届毕业生中招聘进入公司的。研发团队的稳定有助于我们全流程创新的连贯性和可持续性。我们的干部选拔主要是通过内部的选拔机制，给优秀的员工更多的机会。技术专业是一个上升的通道，管理干部也是一个通道，让年轻的员工感觉公司有发展的空间。以上这些措施对于材料行业技术快

速迭代是非常重要的。我们的企业文化是低调谦虚、诚信务实。稳定的高管和中层管理团队接受这样的企业文化:敬业节约、节假日轮值,以身作则。对一线、基层的员工,公司说得少做得多,从各个方面和管理细节上,让他们感受到温度。福斯特这些年高速发展,让核心骨干员工分享企业发展的成果,除了工资、奖金和项目奖励以外,通过员工持股和事业合伙人的形式,不断提升核心员工的获得感和成就感。由于福斯特核心员工队伍稳定,做人真诚、实在,做事稳健低调,在社会及行业内塑造了良好的口碑。

《样本》: 光伏产业的发展日新月异,竞争十分激烈。两年来,"内卷"是外界热议产业的关键词。请您谈谈对产业发展现状和未来的一些看法与思考。

林建华: 能源的需求实际上是整个社会的普遍特征。人类对能源的需求是一直在增加的,对美好生活的向往实际上就是对能源的需求。我觉得接下来可能还会有规模性的快速增长,所以作为全球新能源产业的重要组成部分,光伏行业的天花板还很高。

市场上目前争论得比较热烈的"内卷"在我看来,首先它是个阶段性的、市场结构的问题。这种激烈的优胜劣汰的市场游戏,在光伏产业的周期里并不是第一次了。其次,这一次的"内卷"也有电池、组件等的技术正面临革新的成分。对于我们而言,光伏依然是个快速爆发的产业,只有保持竞争力,才是每个企业应该努力的方向。

《样本》: 随着国内外"双循环"模式的建立,国内光伏的外向型产业特性、新型国际化成为产业链上每家企业的重要战略。福斯特在"走出去"方面有哪些考虑与举措?

林建华: 从产业集群的角度上讲,光伏组件厂是链主企业。作为配套产业群,胶膜企业的国际化之路起源于下游光伏组件厂家的全球化布局。在产品作为贸易出海的基础上,福斯特是第一家出海建厂的胶膜企业。2016年,我们在泰国设立了生产基地。2022年,我们在扩建泰国基地的同时,在越南设立了新的生产基地。未来,我们有计划随着中国光伏产业集群的全球化而继续拓展我们的海外版图。

在全球化发展的过程中,福斯特目前面对的挑战是管理人才的稀缺。我们选调国内的中高层管理人员去海外任职,将国内成熟的管理和生产流程在海外基地落地。用两到三年的时间,海外生产基地就可以较为平稳地经营运作。我们也在积极地培养当地的管理人员。为了让他们深入地了解福斯特,我们会定期组织海外员工来母公司参观、学习,增强他们的归属感和认同感。

在我们看来,中国的光伏产业产能和技术是全球化水平的代表。因此,走出国门是非常重要的战略方向。

中国优质产能竞逐全球市场

光伏胶膜黏结光伏电池片与光伏玻璃及背板，保护组件不受外部环境影响，同时让阳光最大限度透过胶膜到达电池片，提高光伏组件的发电效率。

薄薄一层，要保证组件25年的使用寿命，光伏胶膜因此成为光伏行业不可或缺的核心辅材。在这个材料领域，中国企业福斯特是当之无愧的王者，2021年起，其全球市场占有率超过50%。

"中国的光伏产业产能和技术是全球化水平的代表"，掷地有声的话语背后是我国的优质产能缩影——中国拥有全球最完整的光伏产业供应链，主要生产环节的产能全球占比均超过80%。

胜非其难也，持之者其难也。光伏产业全球市场竞争激烈，作为配套产业群，胶膜企业的国际化之路起源于下游光伏组件厂家的全球化布局。以市场需求为导向，只有整个产业群长期投入、共同升级、持续创新，才能穿越周期，始终保持核心竞争力。

对市场需求的灵敏反应造就了福斯特的龙头地位。基于市场洞察，企业对技术升级意愿最强烈，主动融通创新链、产业链、资金链、人才链，协同产学研相互交织、互为支撑。集群化创新升级正是目前我国产业发展的重要趋势，助推了经济高质量发展。

新质生产力的特点是创新，创新驱动的实质是人才驱动。福斯特把创新意识融入了企业经营的日常，"服务是一种以创新为底色的综合能力"，聚焦20年，福斯特已经成为业内少数具备自主研发成套设备能力的高新技术企业。"福斯特大学"面向不同年龄层的"青藤计划""青苗计划""新芽计划"，充分说明了"学习型组织"的创新活力。

以董事长林建华为代表的管理层在培养人才上有很多思考，形成了适用福斯特的独特而细腻的培养体系，花了很多时间和精力去打造人才梯队，涵养人才底蕴。同时，我们也看到了公司"成长的烦恼"。作为跨国公司，福斯特在泰国、越南等地开设海外生产基地，来自泰国、日本等地的员工，其背景文化各不相同，也面临国际化管理人才稀缺的挑战。

福斯特的探索，正是中国优质产能竞逐全球市场的样本。资本助力，凭借持续的技术创新、完善的产供链体系和充分的市场竞争，中国在光伏领域的优质产能正在竞逐全球市场。

人类对能源的需求是一直在增加的,对美好生活的向往实际上就是对能源的需求。在这样的格局和胸怀下,持续提供优质产品,深化国际合作,推动中国光伏行业升级发展,不但顺应高质量发展要求、符合经济客观规律,也正中我国开放发展的题中之义。

中国坚持与全球共享先进绿色技术,显著提升技术可及性,有力推动全球光伏发电成本大幅下降。在技术日新月异、市场日新月异的竞逐中,中国新能源产业持续提供优质产能,对全球绿色发展作出了重要贡献。

余玉刚　中国科学技术大学讲席教授

安徽理工大学党委副书记、常务副校长

第六章
芯片关键材料科技创新加速度领跑者
——江苏艾森半导体材料股份有限公司

- **楔子：** 任尔东西南北风

- **企业概况：** 科创板"光刻胶"第一股

- **创新解读：**

  第一节 芯片战争，聚"胶"材料领域

  第二节 十年磨一剑，打破国际壁垒

  第三节 永续经营，创造社会新价值

- **企业家专访：** 坚持长期主义，做难而正确的事

- **专家点评：** 科创赋能，参与重构全球供应链

任尔东西南北风

按物理学家布莱恩·格林的观点，"时间是宇宙的基本组成部分之一，它是一个与众不同的维度，因为它有一个明确的方向——从过去到未来"。

在江苏艾森半导体材料股份有限公司（以下简称艾森股份），人们谈论最多的也是时间——指向半导体行业的历史和未来。艾森股份的产品之一光刻胶，是芯片制造的关键材料，直接影响芯片性能。长期以来，相关产品和技术始终被少数几家国际公司所垄断。

直面现实，奋起直追。艾森股份希望能够满足客户需求，加速生产，提高产业链效率，巩固国内芯片制造用关键材料的供应保障和安全，推动半导体产业的转型升级发展。

在"时不我待"的使命感下，艾森股份攻克了技术难题，为光刻胶等关键材料的国产化带来曙光。2023年12月6日，艾森股份登录科创板，成为科创板光刻胶第一股。

而在"第一股"的背后，则是"一万小时定律"和长期主义。早在2010年公司成立之初，艾森股份就布局了电镀液、光刻胶两大产品板块，并且坚持自主研发，剑指国际竞品，十年磨一剑。

这是一条异常艰难的路。当时的国际市场巨头林立：美国杜邦，2022年总资产413亿美元；日本合成橡胶（JSR），员工5500多人；德国默克集团（Merck），创建于1668年；等等。在规模、资本、经验的优势下，国际巨头有很多种方法"围追堵截"后来居上的新玩家。

然而，艾森股份打破垄断，持续缩小与国际竞争对手的差距。依靠人才、自主创新和产业链的支持，艾森股份不断提升技术创新与工艺水平。

在严峻的国际形势下，艾森股份不惧"卡脖子"，不畏国际打压，加快国产替代，抢占窗口时间，跑出"加速度"。艾森股份的自主创新之路，也是产业链转型升级的缩影，更是中国半导体行业韧性的体现——千磨万击还坚劲，任尔东西南北风！

企业概况

科创板"光刻胶"第一股

江苏艾森半导体材料股份有限公司成立于2010年3月，是国内领先的半导体材料生产商。2023年12月，公司在上海证券交易所科创板鸣锣上市，成为科创板光刻胶第一股。

2023年12月6日，艾森股份登录科创板

艾森股份围绕电子电镀、光刻两个半导体制造及封装过程中的关键工艺环节，形成了电镀液及配套试剂、光刻胶及配套试剂两大产品板块的布局，产品广泛应用于集成电路、新型电子元件及半导体显示等行业。

公司以国家战略及相关产业政策为指导，顺应半导体制造关键材料本土化发展趋势，致力于成为国内领先的电子化学品研发与生产商，打造高端电子化学品品牌。公司以先进电子化学品材料赋能新一代高端制造，努力跻身电子化学品材料领域的世界第一方阵。

一、屈指可数的半导体材料中国厂商

在集成电路封装用电镀液及配套试剂市场，艾森股份占有率（按销售量计算）均超过20%，位列国内前二，并与长电科技、通富微电、华天科技国内前三大封装厂建立了稳定的合作关系。公司先进封装用电镀铜基液（高纯硫酸铜）已在华天科技正式供应；先进封装用电镀铜添加剂、电镀锡银添加剂处于稳定性验证阶段。

立足传统封装，艾森股份电镀液产品正逐步向其他应用领域延伸，覆盖被动元件、PCB、先进封装、晶圆、光伏等领域的电镀工艺需求，并在晶圆制造28nm、14nm等先进制程取得重要进展。

此外，艾森股份以光刻胶配套试剂为切入点，成功实现附着力促进剂、显影液、去除剂、蚀刻液等产品在下游封装厂商的规模化供应。同时，公司积极开展光刻胶的研发，以先进封装负性光刻胶、有机发光二极管（OLED）光刻胶以及晶圆用光敏性聚酰亚胺（PSPI）等特色工艺光刻胶为突破口，覆盖晶圆制造、先进封装及半导体显示等应用领域，成为上述领域屈指可数的本土厂商之一。

与成熟的晶圆领域i线光刻胶相比，先进封装、OLED、PSPI领域具有特殊的技术要求和技术难点，目前均由国外厂商垄断。艾森股份在这一领域实现重大突破，一举打破垄断，解决半导体关键材料"卡脖子"问题。PSPI在实验室评估阶段与国际产品性能相当，目前正在客户端测试评估中。

二、瞄准电子化学品世界第一方阵

艾森股份基于自身在复配技术、生产工艺技术及应用技术等底层技术上的长期积累，形成了功能性复配电子化学品的研发、适配和技术支持能力，能够为客户提供电子化学品整体解决方案。

整体解决方案能力不断加深壁垒，深度绑定行业内优质客户。艾森股份下游客户主要集中在集成电路封装和新型电子元件制造领域，涵盖了长电科技、通富微电、华天科技、日月新等国内集成电路封测头部厂商，以及国巨电子、华新科等国际知名电子元件厂商。晶圆和半导体显示领域与头部企业在关键材料方面展开积极的合作，包括中芯国际、华虹宏力、士兰微、京东方、维信诺等。

随着传统封装用电镀液及配套试剂、光刻胶及配套试剂的市场规模稳定增长，艾森股份自研的先进封装用负性光刻胶、OLED光刻胶及大马士革铜互联电镀添加剂等高毛利新产品有望逐渐放量，成为新的增长点。

此外，新能源光伏技术的变革也带来了新的机遇，将成功为企业开拓新的业绩增长点。光伏技术演进后，开始采用半导体技术，光伏电池产能持续提升将不可避免地导致银价增长，非银替代技术将成为业界主流。电镀铜工艺是非银替代技术主要选择之一，价格更低、光电效率更高（即电阻率更低）。

艾森股份已和光伏行业头部厂商进行电镀铜工艺配合，新型光伏电池用高速镀锡、电镀铜电镀液已经量产应用，2024年的订单规模正持续快速增长。

未来，艾森股份将继续围绕电子电镀、光刻这两个半导体制造及封装过程中的关键工艺环节，打造高端品牌和差异化、强竞争力的产品，努力跻身电子化学品材料领域的世界第一方阵。

第一节 芯片战争，聚"胶"材料领域

"半导体制造工厂——晶圆厂，是世界上最昂贵的工厂。今天，半导体产业正在进行着人类有史以来最复杂的制造过程。"美国历史学家克里斯·米勒在《芯片战争》一书中如是写道。

半导体产业是全球高科技产业的核心，涵盖了从原材料的提炼、半导体设备制造、芯片设计、晶圆制造、封装测试到最终产品应用的完整产业链，芯片则是半导体产业的核心产品。

2021年，我国原油进口总额约为1.66万亿元，而芯片进口总额是原油的1.7倍。巨大的贸易逆差让我国在国际贸易中处于不利地位，芯片技术是我国亟待解决的问题之一。

芯片制造过程对半导体材料的依赖性极高，因此半导体材料的供应安全直接关系到芯片产业的稳定和持续发展。目前，全球关键半导体材料的市场份额主要被美国和日本等国家厂商占据。

近年，国务院、国家发展改革委、工信部、商务部以及科技部等部门均通过各类纲领性、政策性、发展规划以及指导性文件等，从多层次、多方面、多角度对半导体材料全产业链给予了大力支持，为半导体材料行业提供了有力的发展支撑以及良好的营商环境。艾森股份从事的电子化学品属于功能湿化学品及光刻胶范畴，功能湿化学品及光刻胶均为国家重点扶持和发展的战略性新兴产业中的新材料产业。

一、精细化工皇冠上的明珠

电子化学品因其高技术含量、高性能参数而被业界誉为"精细化工皇冠上的明珠"。随着大数据、人工智能、物联网等新兴电子信息产业的快速发展，电子化学品显示出了品种越来越多、质量要求越来越高、纯净度要求越来越严苛、产品附加值不断提升等特点，已成为世界上各国为发展电子工业而优先开发的关键材料之一。

根据中国电子材料行业协会的数据，我国集成电路晶圆用湿化学品整体国产化率为38%，先进技术节点所用的功能湿化学品基本依赖于进口，先进封装用电镀添加剂市场主要由国外企业主导，核心技术难题亟须尽快突破。

光刻胶是电子化学品中技术壁垒最高的材料。长期以来，我国光刻胶产业整体上处于缓慢的发展状态，特别是在集成电路用光刻胶方面。2008年以后，这种局面得到了一定程度的改善，国内陆续有公司关注集成电路用光刻胶及其相关产品产业化技术开发，并有部分产品进入市场应用。

但国产光刻胶以LCD、PCB为主，集成电路用光刻胶主要还是依靠进口，国产光刻胶正处于由中低端向中高端过渡阶段。根据中国电子材料行业协会的数据，2021年国内集成电路用g/i线光刻胶国产化率20%左右，KrF光刻胶国产化率不足2%，ArF光刻胶国产化率低于1%，核心技术难题亟须尽快突破。目前我国正亟须解决半导体材料领域核心技术的"卡脖子"问题，湿化学品及光刻胶领域国产化趋势拓展出了巨大的市场空间，艾森股份是国内少数研发该细分领域产品的企业。

根据中国电子材料行业协会的数据，全球在集成电路、显示面板、光伏三个应用领域所使用湿化学品量的比例分别为46%、36%及18%。2021年，全球在三个应用市场使用湿化学品总量达到458.3万吨。其中，半导体集成电路领域用湿化学品需求量达到209万吨，新型显示领域用湿化学品需求量达到167.2万吨，晶硅太阳能电池领域用湿化学品需求量达到82.1万吨。集成电路是湿化学品的主要应用领域，全球湿化学品需求增长的主要驱动力来自对于集成电路持续增长的需求以及多座晶圆厂的建成投产。

半导体晶圆制造材料和晶圆制造产能密不可分，晶圆制造为半导体材料行业重要下游产业。

国际半导体产业协会（SEMI）公布的数据显示，2023年，来自中国大陆的晶圆月产能已经高达760万片，这一数字占据了全球半导体产能的25.6%。在此基础上，2024年，中国大陆半导体产能还将继续以13%的增长率领跑全球。

晶圆产能的提升将带动湿化学品及光刻胶需求的快速增长。5G、物联网、新能源汽车、人工智能等新兴领域的高速成长也为半导体市场提供了新的需求增长点。

根据中国电子材料行业协会的数据，2022年中国集成电路g/i线光刻胶市场规模总计9.14亿元，预计到2025年将增至10.09亿元。其中，2022年中国集成电路封装用g/i线光刻胶市场规模为5.47亿元，预计2025年将增至5.95亿元。

二、国产替代巩固供应链安全

当前国内半导体材料的整体国产化水平仍然较低，特别是在中高端领域，亟待突破的产品、技术较多。半导体材料的研发周期长，从验证到客户端正式导入又需要较长的时间，且创新能力和知识产权保护要求较高，而国内在高端材料研发人才方面缺口也较大。

因此，全球关键半导体材料的市场份额主要被美国和日本等国的厂商占据，这些国外厂商具有规模优势和先发优势。目前，国产半导体材料在品类丰富度和竞争力处于劣势地位，2021年国产化率仅约10%。然而，在功能湿化学品及光刻胶领域，艾森股份不断取代国外材料公司在该领域的市场份额，成为该领域的主力供应商。

根据芯思想研究院的数据，2022年度，全球前十大封测公司的收入占封测市场整体营收的77.98%。其中，中国大陆排名前三的为长电科技、通富微电、华天科技，合计市场占有率为21.07%。艾森股份与国内前三大封测厂商均建立了长期而稳定的合作关系，有利于产业链协同推进半导体关键材料的国产化进程。

国家也在不断出台一系列的政策，支持半导体材料全产业链。《中共中央关于制定国民经济和社会发展第十四个五年规划和二〇三五年远景目标的建议》提出，要加快壮大新一代信息技术、新材料等产业。

《中华人民共和国国民经济和社会发展第十四个五年规划和2035年远景目标纲要》中提出，加快集成电路用光刻胶等电子高纯材料关键技术突破。

2020年，国务院印发《新时期促进集成电路产业和软件产业高质量发展的若干政策》，对半导体产业的税收、投融资、研究开发政策等八个方面做出深化指引。

此外，光刻胶领域受到了国家政策的特别支持，发改委于2020年9月出台了《关于扩大战略性新兴产业投资培育壮大新增长点增长极的指导意见》，工信部于2019年11月将"集成电路用光刻胶及其关键原材料和配套试剂"列入《重点新材料首批次应用示范指导目录》。

发改委、科技部、工信部等多部门均明确提及并支持半导体用电子材料的产业发展，相继出台的多项推动产业发展的政策，为行业发展提供了有力的支持和良好的环境。国家政策的导向对行业发展有强大的指导作用，也为艾森股份未来持续高速发展提供了有力的保障。

第二节　十年磨一剑，打破国际壁垒

先进制程的芯片，尤其是进入数据中心的高算力芯片，对于开发下一代人工智能系统至关重要。眼下，西方正试图切断中国制造先进半导体的能力，因为先进半导体对芯片行业至关重要。如果无法获得最先进的芯片，就无法在人工智能领域取得有意义的进步。

半导体材料是芯片行业的根基，芯片制造没有原材料，就好比"巧妇难为无米之炊"。在重重壁垒下，艾森股份十年磨一剑，率先突破，在关键材料领域带来国产化曙光。

一、自主创新，勇攀半导体芯片之巅

光刻是半导体加工中最重要的工艺之一，决定着芯片的性能。光刻占芯片制造时间的 40%~50%，占其总成本的 30%。光刻胶是光刻环节的关键耗材，其质量和性能与电子器件良品率、器件性能可靠性直接相关，其重要地位可谓半导体芯片之巅。

光刻胶本身就是一种配方型的经验学科，又高度影响光刻环节的精度和良率，因此在光刻胶产业链，除上游原材料壁垒外，还具有配方、设备、客户验证等多重壁垒。

配方是光刻胶的核心技术。各厂商的配方难以通过分析市场上的成品来获得。为实现与已有供应商产品的性能和参数的完全匹配，研发团队要对成百上千个树脂、光酸和添加剂进行排列组合，不断调整各成分的比例，以实现和现有产品关键参数的完全匹配。

配方产品在实验室测试成功后，还需要通过下游客户处相应的光刻机进行测试和调整，测试和调整又会带来新的问题。根据产品的不同，测试一轮的时间短则几个星期，长则数月，有时甚至会"卡"一年。跋涉在无人涉足的全新领域，艾森股份科研团队达成了共识："艰难才有价值，简单的产品容易被替代，长期看对行业来说价值不大。"

2016年至今，艾森股份科研团队尝试了无数种可能，努力找到经济、务实的最优解，并在不停迭代中螺旋式前进。截至 2023 年 12 月 31 日，艾森股份技术研发人员 61 人，占比 34.46%。团队成员学科背景有化学、光学、力学、材料学、物理学等，年龄最小的为 00 后。艾森股份设专岗引进人才，专岗要求半导体行业经验 10 年以上，对心仪的人才会持续跟进，甚至耐心等待数年。

艾森股份管理团队均毕业于国内重点高等院校，有丰富的公司管理及半导体材料行业经验。开阔的国际视野、对产品技术的深刻理解、对行业的发展趋势的精准把握是艾森股份不断取得技术突破，满足客户进口替代需求的重要保证。

此外，艾森股份将员工收入与创新项目紧密挂钩，鼓励各类创新。全面业绩激励管理导向，考核指标与科技创新紧密相关。通过持续完善短期与中长期激励体系，艾森股份始终保持着技术创新活力。

艾森股份是第一批工信部建议支持的国家级专精特新"小巨人"企业，拥有江苏省省级企业技术中心、博士后创新实践基地。近年来，公司承担或入选了国家级重大人才项目、江苏省重点研发计划项目、江苏省专精特新"小巨人"企业智能化升级项目、江苏省"双创"人才项目、姑苏"双创"人才项目、昆山"双创"人才项目、昆山市产业链技术创新专项、昆山市新材料技术科技专项、昆山市祖冲之产业技术攻关计划等科技项目。

同时,艾森股份积极与高校合作,注重自身技术人才的培养,并建立有效的研发激励机制,从而形成了高效的研发创新体系,建立了以企业为主导的产学研合作研发平台。公司与复旦大学、上海交通大学、东南大学、苏州大学、北京理工大学等高校开展了一系列的合作,结合高校的人才优势、技术优势及丰富的科研资源,实现了技术、人才、资金和经营管理等要素的最佳组合。

二、整体方案,深挖本土产业链护城河

艾森股份的主要客户为国内领先的封测厂商及电子元件企业。基于自身较强的技术研发能力和技术储备,艾森股份为客户提供整体解决方案,覆盖电子化学品及配套材料的设计、研发和生产,应用工艺优化及技术支持,快速响应下游行业不断变化的需求。

以光刻胶产品的突破为例,正是在半导体产业链共同协作下,完成了"从0到1"。

产品的立项,基于"客户目前最紧迫需求的产品"。由于原材料和国际竞品迥异,科研团队必须重新设计结构,重新制定配方,寻找可替代的原料。不仅要深刻理解下游客户的需求,艾森股份还要向上游原材料供应商提出适应性要求,共同探讨可实现的工艺,并反复验证。

在这个过程中,科研团队感受着行业各个环节逐级配套的进步。若干年前,单体原料中配套配方所需的原材料还没有基础,现在即使开发高端产品,合作方也能跟上步调提供支持。"不是说我们做出来一个产品就叫国产化,而是要整个供应链都安全,包括原料端也要自主可控。"艾森股份的研发负责人如是说。

光刻胶的品质直接影响芯片性能、良率等,试错成本很高。产品需要下游客户认证,需要经过基础工艺考核(PRS)、小批量试产(STR)、中批量试产(MSTR)、量产(RELEASE)四个阶段,验证周期在两年以上。用艾森股份研发负责人的话说,"测试需要客户专门腾出机器、操作人员,投入不比我们少",只有极度信赖,才会共进退。

即使是成熟产品,客户也会因为环保政策变化、进一步提高效率而提出优化需求,要求迭代升级。但正因如此,艾森股份和下游客户的黏性也很强。

"我们是24小时随时待命的。"艾森股份的销售负责人如是说。产品稳定性好、迭代技术能力强,让客户感受到价值,才能在国产替代的趋势中抓住机会,不断把新客户变成老客户。通过与客户建立紧密的联系,艾森股份根据所了解的市场需求改进现有产品或设

计，为客户提供新产品和新产线所需要的整套电子化学品。

譬如了解到客户囤的库存产品表面发黄，而且只有沿海城市有这个现象，艾森股份帮客户开发了保护剂，形成镇水膜，解决了此类问题；客户一款产品原本使用化学退镀，该环节部分材料近80%不可循环使用，艾森股份得知后尝试电解退镀，更环保且降低了成本。

由于自身的努力与探索，艾森股份积累了大量技术诀窍和实践经验，拥有电镀及光刻两大工艺环节的整套产品应用技术，从而具备了为客户提供整体解决方案的能力。

目前，国内从事集成电路用电镀液及配套试剂研发生产的企业较少。由于具有一定技术门槛，且需要在下游产线进行充分认证，小企业通常难以实现批量供应，市场集中度较高，艾森股份等国内主流供应商在传统封装电镀液及其配套试剂的市场份额超过70%。

所以，下游客户的信任与认证机会是艾森股份在电子化学品领域的护城河，优质的客户资源是企业进一步发展的重要保障。

三、资本助力，打造材料领域中国品牌

经过多年的发展，艾森股份已经在研发、生产、营销、售后等方面建立了一定的竞争优势。但受限于单一的融资渠道，长期以来投资资金来源有限。随着规模进一步扩大，资金实力不足的问题对艾森股份发展的制约日益凸显。为进一步扩大市场份额并提升综合竞争力，艾森股份亟待开拓多元化融资渠道，提高自身资金实力，以此来满足未来发展的要求。

基于自身创新能力及所掌握的核心技术，艾森股份为加快我国在半导体材料领域的自主可控能力，于2022年10月10日启动了科创板IPO上市进程，计划募资投建年产1.2万吨半导体专用材料项目以及集成电路材料测试中心项目。2023年12月6日，艾森股份登录上交所科创板，成为科创板光刻胶第一股。公司此次上市共募资6.18亿元。

其中，募投项目"年产1.2万吨半导体专用材料项目"总投资2.5亿元，厂房及生产线已分别于2021年12月和2022年6月建成，目前处于产能稳步爬坡阶段。项目产品包括半导体用湿电子化学品、光刻胶/PSPI（光敏型聚酰亚胺）、电子浆料等，艾森股份表示，项目的建设能大幅提升公司产能，有效消除昆山工厂产能瓶颈对于公司发展的限制，进一步扩大公司电子化学品的供应能力，巩固公司的行业龙头地位。

艾森股份集成电路测试中心

该项目的建成不仅对推动我国半导体产业的发展具有重要意义,也将为全球材料市场带来新的竞争格局。以PSPI为例,这种具有耐热性能与感光性能的高分子材料,在芯片封装领域的需求占据主导地位。亚太地区是全球最大的PSPI市场,占有大约93%的市场份额,但目前仍由几家国际大型企业垄断。

募投项目"集成电路材料测试中心项目"总投资4.5亿元,主要开展半导体光刻胶、晶圆制造等先进制程电镀添加剂及配套试剂的研发和材料性能评价工作。项目建设可以大幅改善公司研发条件,提升新产品的测试能力,有效缩短新产品认证周期,提升行业关键生产技术、掌握新产品的核心工艺,持续缩小与国际竞争对手的差距。

成功上市发行后,艾森股份的资金状况得到显著改善,直接带动了生产能力、研发实力的提升,并扩大了行业影响力。同时,艾森股份将会继续扩大规模,增加岗位,优化员工福利待遇,吸引高素质技术人才和国内外行业的高技术专家人才加入,并建立健全海外研发团队和客户服务技术团队。

未来,艾森股份将进一步拓宽资本运作渠道,合理利用资本市场的融资工具,提升竞争力和产业整合能力,以高端化、差异化路线提高企业知名度,参与全球竞争,打造材料领域的中国品牌,进一步推动公司的业务发展,为可持续发展提供推动力。

第三节 永续经营，创造社会新价值

"良率"和"产能"，这两项指标在半导体行业有着无与伦比的重要意义。

半导体行业高端产品的工序大约有1000道，每道工序的良率如果低于99.99%，就会导致产品品质不足，意味着亏损。因此，"品质的绝对性"成为艾森股份的核心价值之一。

产能则意味着时效。在艾森股份的价值观中，"高效"的意义是尽快将为客户开发的产品投产。"公司有自己的底层逻辑，不追逐明星产品、话题项目，不烧钱，必须通过做产品养活自己。在这个过程中，公司抵挡住了很多诱惑，做到了永续经营，对员工负责、对股东负责。"艾森股份董事会负责人如是说。

2023年，艾森股份在光伏、锂电等新能源领域电镀化学品取得突破，与下游头部企业的合作稳步推进，销售收入持续增长。艾森股份董事长张兵介绍，公司的产品和工艺能为客户提升0.5%的良率，如果新能源行业每个客户的良率都能提升0.5%，那么每家的净利润可能都将增加几亿元。对艾森股份来说或许只是一年净利润增加了几千万元，但更大的意义在于创造了新的社会价值。

把价值传导给客户，更要把价值传承给下一代艾森人。在艾森股份，研发团队传承经验和知识，甚至面向产业链上下游开放共享；销售团队按专业划分线口，专人长年服务客户，在及时解决需求的同时积累信任；在内控层面，财务部门熟知公司每一笔交易，将风险意识潜移默化地植入关键环节……

在长期主义的导向下，艾森股份所有员工稳健前行，与企业共同分享发展成果。

一、绿色发展，齐守绿水青山

入职之初，艾森股份的新员工拿到的第一本资料是"安全数据表"，包含化学品的物理化学特性、健康危害、安全操作和储存指南以及废弃处置建议等内容，环保方面的内容让人印象深刻。

艾森股份创立之初即秉承绿色发展的理念。艾森股份董事长张兵说："环保对一个国家来说是发展之本。把绿水青山糟蹋掉了，就是祸害子孙，不要觉得环保设备几千万元不产生价值。"

秉承这个理念，艾森股份重视企业的环境保护责任，严格遵守国家环保方面的法律、法规和相关政策。企业建立了严格的环保管理制度，对生产过程中的环保数据进行实时监测和分析。一旦发现环保指标超标，企业立即启动应急措施。

艾森股份通过环保设备和委托有资质的第三方公司处理相关环境污染物，并且每年聘请第三方进行污染物排放检测，相关检测结果显示公司不存在污染物超标排放的情形。

艾森股份的南通工厂投资2.5亿元，年产量预计将达1万吨。立项之初，环保即为首要考虑因素。项目规划阶段，艾森股份通过咨询环保专家，确定了环保目标和具体措施。此外，公司向国内外知名环保设备供应商采购先进环保设备，应用最先进的技术，在保证生产效率的同时，最大限度地减少污染物的排放。

艾森股份南通工厂

每年年底，艾森股份在召开下一年度的预算报告会议时，都会确定环保专项预算资金，保障资金的有效实施。2021年，公司专项投入100万元，用于将无组织废气收集变为有组织废气。通过新增先进的无组织废气处理设施，收集无组织废气进行处理后再排放，大大降低了对环境的影响。2023年，艾森股份积极参与清洁生产工作，进行设备清洗自动化改造，并通过了江苏省环保厅的审核。

二、精益生产，数字化车间树标杆

2023年，艾森股份入选苏州市工业和信息化局"智能化改造数字化转型"优秀场景案例，入选缘由是艾森股份通过智能化的手段实现了安全管理与自动化的结合，在安全实时监测与精准处理场景的建设上富有成效，具有行业示范性。

艾森股份采用数字化管理系统，实现生产计划的智能排程、生产数据的实时监控和采集、生产设备的远程监控和维护等功能。据统计，数字化改造后，生产效率提高了30%以上，生产成本降低了20%以上，生产制造人员维持较低人数，为行业领先水平。

"高效"是艾森股份的企业文化之一，也是精益生产的核心理念。半导体行业的生产过程具有高度复杂性和高成本性，因此实施精益生产管理显得尤为重要，即最大化价值流效率，通过持续改进和消除非价值增加活动来优化生产过程。艾森股份鼓励员工持续寻找改进机会，通过小步快跑的方式，不断优化生产流程和工作环境。

在半导体行业，精益生产意味着对制造的每个流程进行细致分析：识别并消除浪费，如过度生产、等待时间、不必要的运输、生产过程中的缺陷等；采用拉动生产系统、根据客户需求来安排生产，避免过剩生产和库存积压；通过全面生产维护等方法提高设备效率和可靠性，减少设备故障和停机时间。

为了贯彻精益生产理念，艾森股份的昆山工厂拥有标准化化工厂房和生产高纯化学品的净化车间，昆山工厂占地面积约2万平方米，并已获质量体系认证、环境体系认证、职业健康安全体系认证，以及安全生产许可证、危险化学品经营许可证等多项管理认证。

艾森股份昆山工厂

艾森股份牢固树立"安全第一、预防为主、综合治理"的方针和"以人为本"的科学发展观,从产品的开发到量产,优先考虑低风险物料的使用和高风险物料替代,积极建设自动化生产线,提升本质安全生产水平。

此外,艾森股份采用ERP系统对产品进行管控和追溯,通过DSC系统实现对生产过程的控制,使用物联网技术加强安全生产管理,等等。艾森股份不断提高精益生产效率,不仅提升了企业自身的竞争力,也通过分享经验和技术,带动了整个行业和地区的数字化转型,起到了标杆示范作用。

坚持长期主义，做难而正确的事

——专访江苏艾森半导体材料股份有限公司董事长张兵

《样本》：2023 年，对于很多企业来说，应对"不确定性"成为必须完成的挑战。您怎么看待这种不确定性？

张兵：对于半导体行业来说，不确定性是一直存在的。比如 AI 算力，尽管在国内优秀企业的推动下，AI 算力领域有做得很不错的平台和产品，但是对于系统级芯片（SoC，System on Chip，是一种集成电路设计方法，将一个完整系统的所有或大部分组件集成到单个芯片上，旨在提供一个高度集成的解决方案，以减小物理尺寸、降低功耗，并提高运行效率）来说，中国和三星、英特尔的差距可能不到一代，AI 算力可能相差两代以上。而且国际上未来的制约会越来越大，会给咱们国家的半导体产业带来不确定性。

《样本》：海关总署公布的数据显示，2023 年，我国集成电路进口总量同比下降，原因之一是国产芯片加速发展。在国产替代的趋势里，企业要怎么抓住机会？

张兵：我从来都认为要经过长期的积累，才有实力抓住机会。我们的电镀液产品和国际竞品差距不大，光刻胶与国外的差距至少两代以上，要全力以赴才有机会赶上。就底层技术来说，一定要不停提升产品能力。半导体行业遵循摩尔定律，要不停地升级迭代。光刻胶已经上升到国家战略了，但目前光刻胶的国产化率还不到 10%，任务很艰巨。28nm 的制程中，我们率先发布了电镀液产品，接下来 14nm 的新制程，我们也会努力缩小和国际的差距。

艾森股份从创立开始就对标国际竞品，布局了电镀液、光刻胶两个产品板块，两个板块对应半导体的前后制程，做产品的思路是确定的。半导体材料的投入产出周期长，我们唯有一条路，那就是比别人更努力。艾森股份的英文缩写 ASEM，SEM 就是半导体，A 是 NO.1，从成立第一天起，艾森股份的愿景就是成为半导体材料领域世界一流的品牌。刚刚谈到不确定性，从这个角度来说，艾森股份发展的 20 多年一直是确定的。

2023 年，艾森股份在科创板上市前夕，外界有很多声音，也提到很多不确定性。我内心非常笃定：我们肯定没问题。因为艾森股份遵循"一万小时定律"，尤其是光刻胶，是不断试错才出来的产品，没有捷径可走。电镀液、光刻胶只要品质稳定，市场就非常稳定。通过上市，未来公司的研发会更加充实，公司的价值也会体现在市值上。

《样本》：艾林股份创业之初就对标国际竞品，国际竞品的历史、经验、资金、规模先发优势都很大。面对这么多强手，艾森股份是怎么追上国际竞品的？

张兵：刚开始必须让公司活下来，所以我们花了10年时间，在封测领域做到了国内前列。在封测行业，我们已经完全取代了国际竞品。

这不是简单的替代。艾森股份遵循两个原则：一是不卷同行；二是一定要帮客户创造价值。电镀液产品在规划时，调研阶段选择了没人做而我们可以做得很好的市场。目前，在光刻胶产品领域，艾森股份和友商关系都非常好，蛋糕够大，你切这一块我切那一块，有商有量，没必要内卷。

给客户带来价值，客户用你的产品就顺其自然。2022年，封测领域两个大客户拿到国家科技进步奖一等奖，都同时给艾森股份写了感谢信。企业帮助客户创造了价值，提升了竞争力，客户稳定性很强。这是一个维度，还有一个维度是能给我们带来附加值的客户。有的客户在做一些高端的前沿技术，艾森股份会以谦虚的态度去沟通，学习到理论、知识、技术后，再点对点应用到上下游客户做提升，让中国整个半导体的产业链良性前进。

如果片段式地去做某一个产品，确实可以赚快钱。现在很多材料公司进入半导体产业，很短时间内就能推出产品，我说咱们过10年再讨论这个问题。举个例子，像电镀液，把国际竞品的产品买过来，换个标牌就可以用，但能代表你自己的技术吗？

接下来的10年，艾森股份会围绕光刻胶把护城河做得再深一些，做一家全球性的公司。半导体行业是全球化的，挑战肯定很大，我也乐于干这些事情，一直有挑战人才会进步。

《样本》：打破国际壁垒，做全球性的公司，迎接挑战的底气来自团队吗？

张兵：放眼国内，艾森股份的技术底蕴或者人才底蕴是非常深厚的。企业文化是传承，是专业、诚信、分享，艾森股份的股权架构是所有现任高管都持股。接下来管理层会不停地有一些80后、90后加入，这在国内可能是绝无仅有的，尤其是在材料领域的上市公司中。

艾森股份的领导者必须具备定义产品的能力。首先要去调研，判断一个产品在未来的5年到10年会不会有一个增量市场，选定产品后就要布局战略。比如说，我们现在要全力做AI，全力做3D封装，就必须懂行业，不能人云亦云。其次要懂得艾森股份的能力在哪里，比如光刻胶，顶级的产品肯定是增量市场，但未必适合我们去开发。

艾森股份对研发非常重视，研发人员占比超过30%。除了拥有技术水平、创新能力，因为要满足产业要求，所以还需要具有应对客户的沟通能力，对人才的要求非常高。除了人才，公司的文化、制度也是基本保障。这么多年来，艾森股份一直对事不对人，保证高效的沟通效率。企业文化还强调长期主义、情绪稳定，情绪稳定是很高的要求。疫情期间，总经理有三个月天天待在实验室，在非常艰苦的条件下依然坚持带领团队前进。

目前，公司的接班人也在培养中，都是80后。他们需要具备三个基本条件：第一要有格局，情绪要稳定，比如说国内有新的竞争对手了，能泰然处之；第二要非常专业，对光刻胶、电镀液的理解至少具备10年时间；第三体力要非常好，不可以有不良嗜好。

《样本》： 2023年12月，中央经济工作会议强调：要以科技创新推动产业创新，特别是以颠覆性技术和前沿技术催生新产业、新模式、新动能，发展新质生产力。您觉得半导体行业要怎么创新？

张兵： 新质生产力本质上还是靠创新驱动。要对底层技术非常了解才能创新。艾森股份把半导体技术用到光伏、新能源行业算不算创新？绝对算。光伏产业的效率一直在20%左右，半导体的技术可以提高线宽和效率。现在最新的封装技术，我们用电镀的方式去解决，通过半导体电路的技术降低成本，也是创新。再给我们5年时间，我们还可以创新，把光刻胶的技术应用到其他行业。

所以我认为，半导体行业底层的技术，尤其是基础材料、基础工业装备等是新质生产力的核心。我对公司研发人员说：我们要心无旁骛地把底层技术做好，这是创新真正的内涵。

半导体行业总是在说"卡脖子"，普通消费者几乎感知不到。7nm、3nm的芯片用在手机上无非运算快一些，但对国家来说，这意味着竞争力。研发导弹、潜艇、无人机，底层技术都是半导体技术。

底层技术怎么来？现在强调基础力学、基础物理、基础化学，最终要靠创新的土壤，从基础教育开始，培养创新思维，去全球竞争，提升中华民族的竞争力。

科创赋能，参与重构全球供应链

科创赋能，使艾森股份的产品在市场上拥有了核心竞争力。在集成电路封装用电镀液及配套试剂市场，艾森股份占有率位列国内前二，并与国内前三大封装厂都建立了稳定的合作关系。在一直由国外厂商垄断的半导体关键材料领域，艾森股份实现了重大突破，解决了"卡脖子"问题，令人振奋。

2018年以来，我们处在百年未遇之大变局中，国际经济形势、社会环境、海外监管秩序等都发生了巨大变化。欧美以"制造业回归、再工业化"战略为主导，推动中高端供应链回归本土或转移日本、韩国等地。

在此大背景下，企业就得去更靠近市场的地方寻求新发展空间。作为全球供应链重构的一部分，中国企业从"产品出海"走向"供应链出海"，其中包括了技术出海、品牌出海以及与之配套的中国服贸出海新局面。

国际半导体产业协会（SEMI）最新发布的《全球晶圆预测报告》显示，2022年至2024年，全球半导体产业计划有82座新厂投产，新厂分布于全球各地。这意味着半导体行业供应链的特点就是全球性。尽管芯片行业目前面临"卡脖子"的情形，但中国科技企业的产品和服务仍然能对全球分工作出贡献。

从做项目不跟风"必须能养活自己"的理念，到培养选拔人才"要有定义产品的能力"，艾森股份在市场这块试金石上百炼成钢。2023年，艾森股份成功上市。通过资本运作，艾森股份这样有核心技术、有核心竞争力的企业可以进一步扩大规模，建立自己品牌的知名度，并获得价值链中的核心价值。

艾森股份瞄准电子化学品世界第一方阵的雄心，展示出中国企业伴随科技发展、准备迈出国门的全新姿态。集群式产业链、高质量的制造、先进的科技应用水平，使得中国科技企业有机会在全球市场赢得声誉。

艾森股份能在当下国际交锋前沿的芯片领域跑出加速度，源于十年磨一剑，初心不改。通过董事长的介绍，全球化的视野、对标国际竞品的品质，正是企业的初心。

不仅如此，艾森股份尽管身在半导体行业，但始终坚持尊重自然、生产绿色环保产品，积极践行负碳地球理念，这和ESG可持续发展理念是一致的。这既是顺应全球发展潮流，也有益于提升产品或服务的市场竞争力与品牌形象。

整合全球资源进行产业投资、供应链布局，都需要了解和熟悉当地法律法规，遵守国际规则和国际惯例。企业诚信经营，积极履行社会责任，满足绿色、环保、供应链安全和稳定的要求，是懂得尊重市场规则、尊重文化差异，对市场有敬畏之心的表现。

作为全球制造业第一大国，中国制造的产出占全球总产出的近30%，但人口只占全球的17.5%，要消化产能，就得去全球找市场。同时，在国家创新驱动发展战略下，我们的技术水平不断提升，不少产品在全球价值链中拥有很强的竞争力。

坚持合作共赢，以开放心态融入当地市场，即使大国之间存在"激烈竞争"，也应在自由贸易、公平竞争的体系下"和平共处"，实现国家之间、企业之间的互利共赢、可持续的共同发展。以艾森股份为代表的中国企业积极承担社会责任，积极为国际社会作出贡献，必将行稳致远，实现高质量发展。

汤哲辉　安永硬科技行业中心审计主管合伙人

第七章
引领世界脑机接口大赛道的创新者
——浙江强脑科技有限公司

- **楔子：** 站在巅峰处

- **企业概况：** 强脑之王

- **创新解读：**

  第一节 新时代的大赛道

  第二节 全球化战略，引领创造之路

  第三节 使命驱动：服务全球10亿群体

- **企业家专访：** 脑机接口：未来世界的空气、水电和互联网

- **专家点评：** 脑机接口技术的新质生产力典范与未来展望

楔　子

站在巅峰处

大脑无疑是人类最为珍贵且深邃的器官，它集结了大约1000亿个活跃的神经元——这一数量级足以媲美银河中的繁星点点。在这一精密绝伦的"思维宇宙"中，每一个细微的动作、每一瞬的思想碰撞，无不蕴含着浩如烟海的信息处理与传输活动。历经百年探索的人类科研历程，我们对大脑产生的脑电波的研究犹如解码宇宙深处的神秘信号，每一道波动都承载着尚未揭示的生命密码与智慧奥秘。

在过去的百年间，脑电波技术领域涌现出了一批杰出的科学家，他们的研究成果不仅深化了人们对大脑功能的理解，还推动了医疗、心理学、人机交互等多个行业的革新与发展。

20世纪初，被誉为脑电波之父的德国精神病学家汉斯·贝格尔（Hans Berger），在1924年首次记录下了人类的脑电波，开启了无创监测大脑活动的新纪元。这一开创性工作奠定了现代脑电图的基础，为临床诊断（如癫痫等神经系统疾病）提供了重要工具。

进入信息时代，巴里·西尔弗曼通过训练猫，控制特定脑波频率，意外发现了脑电生物反馈技术。该技术后来被应用于治疗癫痫和改善注意力缺陷等问题，开辟了脑机接口研究的新方向。

在中国，脑电波技术的研究同样取得了举世瞩目的成就。21世纪初，贺林教授作为中国遗传学与神经生物学领域的领军人物，其在神经发育与遗传疾病的基因研究中取得了重要成果，为理解脑电活动的遗传基础提供了关键线索。

这些科学家及其团队的努力，不仅加深了我们对大脑奥秘的认识，也为治疗神经疾病、提升人类生活质量、开发智能辅助设备等领域带来了前所未有的行业进步，预示着未来脑电波技术将更加紧密地融入人类社会，开启一个智慧共生的新时代。

2021年，"脑科学与类脑研究"被列入"十四五"规划纲要，确立为事关国家安全和发展全局的基础核心领域之一，发展和推动脑机接口被提升为国家战略。2023年9月，国务院总理李强前往浙江强脑科技有限公司考察脑机接口相关技术和产业情况。12月，中共中央、国务院印发《扩大内需战略规划纲要（2022—2035年）》。

　　如今，人类正站在开启新时代大门的关键时刻，一个波澜壮阔的脑机接口大时代已经到来。强脑科技的创新技术，将契合新质生产力发展，用技术改变世界，用科技造福人类。它所首创的脑机接口技术，将帮助人们走向科技爆发的新纪元。

强脑之王

浙江强脑科技有限公司（BrainCo，以下简称强脑科技）强脑科技2015年创立于浙江杭州，是首家入选哈佛大学创新实验室（Harvard Innovation Lab）的中国团队，致力于成为全球领先的非侵入式脑机接口技术解决方案供应商，在康复、大健康、人机交互等领域具有领先优势。

自成立以来，企业业务发展迅速，备受政府、行业与资本的关注。2020年强脑科技被中国科学院评为"全球人工智能企业TOP20"。同年，入选《麻省理工科技评论》"50家聪明公司"榜单。

一、国内第一梯队

成立之初的强脑科技，在脑机接口领域无疑是寂寞孤独的。当时，整个行业还处于方兴未艾的阶段，在那个普通人对脑电波懵懵懂懂的年代，强脑科技研发出了当时市场上精度极高的可穿戴脑电读取材料。当时的人们并没有发现这一创新产品的意义，但脑机接口发展的齿轮被缓缓推动，属于脑机接口商用的命运之轮转动起来。

2017年强脑科技进一步强化了研发的新式电极材料——固体凝胶电极并实现量产，攻克了脑电信号难以大规模精准采集的难点，使便携式脑电设备的单电极精确度达到医疗级水平。

公司成立以来，陆续发布了智能仿生手、头戴式舒压系统、智能仿生腿等多款基于脑机接口技术的产品。2022年，公司研发的智能仿生手获得美国食品药品监督管理局的上市批准。

基于脑机接口技术的快速发展以及公司自研专利的不断沉淀，强脑科技将产业布局的重点领域定为康复、大健康和人机交互等领域。在康复领域，强脑科技拥有智能仿生手、智能仿生腿和开星果脑机接口社交沟通训练系统三款产品。

其中，智能仿生手可通过检测佩戴者的神经电和肌肉电信号，识别佩戴者的运动意图，并将运动意图转化为智能仿生手的动作，从而做到灵巧智能，手随心动。

　　智能仿生腿是融合脑机接口技术和人工智能算法的新型智能下肢，它能够通过融合陀螺仪、肌电神经电采集等传感器处理实时数据，在用户使用时根据路况进行步态实时适应性调整，实现高仿真体验。

用户穿戴 BrainCo 智能仿生手攀岩　　　　　　　　用户穿戴 BrainCo 智能仿生腿攀岩

　　开星果脑机接口社交沟通训练系统是孤独症研究、神经科学领域科学家及设计师联合打造的自闭症儿童专属训练产品，其使家长和康复师能够直观地了解孩子的训练效果，长期有效地追踪孤独症儿童的大脑情况，并通过功能性神经反馈训练直接干预孤独症早期脑神经发育。

开星果脑机接口社交沟通训练系统

2022年1月，强脑科技突破高精度脑机接口设备工程和技术难题，实现单品10万台量产。除康复领域之外，强脑科技还积极布局大健康领域，目前已经推出了OxyZen仰憩助眠舒压系统、Easleep深海豚脑机智能安睡仪等多款产品，致力于为更多普通消费者提供脑机接口解决方案。

二、引领世界浪潮

如果要在众多行业中选出对新技术、新发现最敏感的一个，那必定就是创投行业。强脑科技创立不久，嗅到机会的创投公司就找上门来。

作为一家具有强大创新和研发能力的公司，强脑科技的魅力持续且强烈。公开资料显示，强脑科技目前融资额已达2亿美元，是国内脑机接口领域少数的独角兽，类似实力和规模的公司在全球范围内也极为少见。

有了充足的资金后，强脑科技不断优化自身发展的产品线。2022年1月，强脑科技的高精度脑机接口产品单品实现10万台量产，这立刻引起广泛关注。这意味着强脑科技消费级脑机接口设备的工程和技术难题已经得到有效突破，并且产品理念已获得消费者认可。从另一个角度来说，强脑科技的这一成就，证明了消费级脑机接口设备具有巨大的市场潜力，更证明了强脑科技的商业模式具有持续发展的动力。

产品的热卖，体现了强脑科技的商业价值。权威部门的认可，则给予了强脑科技技术上的肯定。2022年8月，为了加快推动人工智能技术与医疗器械深度融合、发展，更好地服务和保障人民群众生命健康，根据《工业和信息化部办公厅、国家药品监督管理局综合和规划财务司关于组织开展人工智能医疗器械创新任务揭榜工作的通知》（工信厅联科函〔2021〕247号），工业和信息化部科技司、国家药品监督管理局医疗器械注册司组织开展了人工智能医疗器械创新任务揭榜。强脑科技凭借自主研发的开星果脑机接口社交沟通训练系统，成为智能康复理疗产品行列的10家"揭榜单位"之一。

方向四：智能康复理疗产品		
1	揭榜单位	面向盲人视觉感知的智能植入式视网膜电刺激器系统	微智医疗器械有限公司
2	揭榜单位	植入式脑机接口康复辅助系统	博睿康医疗科技（上海）有限公司
3	揭榜单位	脑机接口神经肌肉电刺激下肢外骨骼康复训练机器人	大天医学工程（天津）有限公司
4	揭榜单位	孤独症儿童脑机接口干预系统开发	浙江强脑科技有限公司
5	揭榜单位	脑机接口上肢医用康复训练仪	上海念通智能科技有限公司
6	揭榜单位	基于多模态诱导、反馈耦合策略的脑机接口康复机器人系统	深圳睿瀚医疗科技有限公司
7	揭榜单位	脑机接口手功能康复训练系统	西安臻泰智能科技有限公司

开星果脑机接口社交沟通训练系统（人工智能医疗器械创新任务揭榜入围单位，摘选）

　　2024年3月14日，被誉为设计界"奥斯卡"的德国iF设计奖公布了2024年度获奖名单，强脑科技的智能仿生腿、仰憩助眠舒压系统、深海豚脑机智能安睡仪、脑科学人工智能机械手等7个产品荣获"2024iF设计奖"。强脑科技研发的智能仿生手产品和开星果脑机接口社交沟通训练系统，凭借创新的产品思维和出色的人机交互体验，获得了国内外包括红点设计至尊奖及中国设计智造大奖（DIA）金奖等多项设计大赛的奖项。

　　对于一家科技公司来说，创新和科研能力是生命线。强脑科技从创立之初就深谙其中的道理。"以技术为核心，以科研为导向"成为强脑科技的企业文化。

　　在公司团队里，汇聚着领先于同行的科学家人才，来自哈佛、麻省理工学院等全球顶级学府的优秀校友在核心研发团队中占比超过70%。

　　强大的研发和科学团队能够让公司始终处于脑科学研究的前沿，而与世界各大知名研究中心和医院的合作，则让强脑科技获得了敏锐的触角，对于整个脑科学领域的发展，强脑科技都能迅速作出反应。

　　当大多数人在惊叹强脑科技的研究能力时，还有一部分人发现强脑科技的另一种高明的模式——极为重视专利自主。所谓众人拾柴火焰高，在科研团队与合作机构的共同促进下，强脑科技累计申请的脑机接口领域核心知识产权达550多项，其中核心发明专利授权190余项（数据截至2024年4月）。这样的专利储备，即便放在科技密集型的脑机接口领域也极为罕见。

　　对于强脑科技来说，荣誉只能代表过去，作为行业领头羊，强脑科技计划推出包括带有触感的"智能仿生手"等迭代产品。在消费级产品等领域持续深耕，同时拓展技术应用领域，让脑机接口惠及更多人群。

第一节　新时代的大赛道

在当今科技飞速发展的时代，脑机接口技术已成为全球科研与产业界瞩目的焦点，特别是在中国这片创新热土上，脑机接口企业如雨后春笋般崭露头角，引领着中国脑机接口行业的产业化浪潮。

它们不仅在技术层面挑战全球最尖端的科研难题，更是在医疗康复、人机交互乃至未来的元宇宙构建等多个领域探索全新的可能。这些领头羊企业的不懈探索与实践，预示着脑机接口技术驱动的智能纪元已然破晓，即将深刻改变人类的生活方式与认知边界。

一、千亿美元巨大市场

人类的一切活动、语言和思想都源于大脑，而大脑活动的本质是神经元放电与电信号传递，脑机接口（BCI）就是为这些电信号与外界设备人工搭建通路，以实现信息的直接交换。这一概念在1973年首先被美国加州大学维达尔教授提出，他认为BCI是"大脑与外界直接进行信息传递的方式"，并搭建了世界上第一个非植入式脑机接口系统。

现有的脑机接口一般分为侵入式、半侵入式和非侵入式三种。侵入式和半侵入式由于需要在大脑中放置植入式设备，因而带有一定的风险性和安全性问题。而非侵入式的方式虽然操作简便安全，但由于颅骨对信号的衰减作用和对神经元发出的电磁波的分散和模糊效应，记录到的信号分辨率有限，因此仍然是学术界的研究热点。脑机接口定义反映了脑机接口最直接的用途。目前，这一技术被主要应用在医疗场景，最直观的价值在于使运动障碍患者能凭借意念直接对计算机、机械臂等外部设备加以控制和使用，弥补生活中种种不便。

2022年《自然通讯》（*Nature Communications*）上的一篇论文研究表明，借助能读取大脑信号的植入式脑机接口，使一位罹患渐冻症的男子能够选择字母，组成通顺的句子，完成日常交流，这一研究使脑机接口技术实现了突破性进展。实际上，脑机接口在医疗健康的应用已在国内被纳入政策文件。

研究机构数据桥市场研究（Data Bridge Market Research）2022年2月3日公布的数据

显示，2022年脑机接口市场规模为17.40亿美元，预计到2030年将达到56.92亿美元（约合人民币392.36亿元），期内年复合增长率为15.61%，市场潜力巨大。此外，麦肯锡预测在未来10年到20年，全球脑机接口产业将产生700亿~2000亿美元的经济价值。

二、全球迎来发展黄金期

新一轮的技术革命和产业革命犹如澎湃巨浪，正以前所未有的力量重塑全球经济格局和社会生态。在这场以新质生产力为驱动、通过脑机接口等领域的新突破点亮的未来科技发展之路面前，一场革命正在深度渗透到各行各业，催生出新的生产模式、商业模式和生活方式，推动经济社会实现质的飞跃，为全人类构筑起一个更加高效、绿色、包容的未来世界。而我们每一个人，既是这一伟大变革的见证者，也是参与者与塑造者。在共享科技福祉的同时，我们也共同肩负着把握历史航向、书写新时代辉煌篇章的伟大使命。

随着全球迎来百年未有之大变局，世界科技竞争也遇到了新的变化。近年来，在脑机接口领域，国与国之间的比拼已经到了白热化程度。

从专利申请量来看，目前中国占比飙升至全球总量的35%；美国排名第二，占30%；日本位居第三，脑机接口专利申请量占到全球的10%。不过，冰冻三尺非一日之寒，美国由于长期的科研积累、资金投入和技术转化能力等方面的优势，在整体技术水平和实际应用案例上可能仍然处于领先地位。

首先，在非侵入式脑机接口的研究和临床应用上，美国有多年的经验积累，例如在美国和巴西的实验室中进行的脊髓损伤截瘫患者的治疗研究，取得了有意义的结果。此外，美国有多个研究团队和公司在积极研发脑机接口的产品，并且可能由于其技术和科研环境的优势，在关键技术突破和商业化应用方面走在行业的前列。

在认识到这一点后，2022年10月，上海市人民政府印发《上海打造未来产业创新高地发展壮大未来产业集群行动方案》，在未来健康产业集群规划中，"脑机接口"赫然列在第一点。文件提出，探索脑机接口技术在肢体运动障碍、慢性意识障碍、精神疾病等医疗康复领域的应用。

2023年1月，工信部等十七部门印发了《"机器人+"应用行动实施方案》，针对医疗健康领域明确提及，围绕神经系统损伤、损伤后脑认知功能障碍、瘫痪助行等康复治疗需求，突破脑机交互等技术，开发用于损伤康复的辅助机器人产品。此外，推动人工智能辅助诊断系统、机器人5G远程手术、脑机接口辅助康复系统等新技术、新产品的加速应用。

与此同时，中国还明确提出加速非侵入式脑机接口技术、脑机融合技术等领域的突破，将其纳入国家科技创新战略的重要组成部分。通过扶持本土企业，培育具有自主知识产权的脑机接口技术，并鼓励其在教育、医疗、游戏等多个领域的应用。

可以预见，中国在脑机接口领域正在快速追赶先进国家，并已取得重要成果。全球正迎来脑机接口发展的黄金期。

第二节　全球化战略，引领创造之路

在全球化战略的宏伟叙事中，各行各业的领军者以其宏大的国际视野和超群的战略智慧，犹如一群英勇无畏的探索者，突破地域的束缚，拥抱多元文化的交融，共同绘制出一幅生机盎然、互惠共荣的世界经济新画卷。这幅画卷，既展现了他们在全球化浪潮中乘风破浪的壮丽航程，也揭示了他们以创新精神、包容理念和共赢心态铺就的一条连接世界各地、促进繁荣的金色大道。这条道路不仅为全球经济注入了无尽的活力与创新动力，更为全球各国人民带来了实实在在的福祉提升与发展机遇。这些业界巨擘，不仅在各自的行业中树立起全球化战略实施的标杆，更在世界舞台上创造出一个个生动而深远的"引领创造"蓝本，预示着人类社会和谐共处、协同进步的美好未来。

一、深掘脑科学矿藏，铸就超级数字宝库

时光回溯，探究人类脑电波的奥秘始终是脑科学研究中难以逾越的高峰。百年来，科研人员仿佛手持简陋的石器，面对这颗璀璨的智慧明珠却只能望而却步。那时，唯一可行的采集手段便是那顶笨重而烦琐的导电帽——一个镶嵌着密密麻麻电极片、涂抹着湿漉漉导电膏的头盔。尽管在湿润环境下，它勉强能捕获脑电波的微弱信号，但其局限性显而易见：外部干扰如影随形，杂乱无章的电波如同嘈杂市集中的叫卖声，令科学家们在解析真实脑电信号时如雾里看花，难以分辨。

强脑科技创始人韩璧丞博士自创业伊始，便深深洞悉脑电波采集之难。经过无数次试验与改良，强脑科技的研发团队终于找到了理想的介质——固态凝胶电极。这种电极犹如精密的触角，能够大幅提升脑电波收集的精度，且无须依赖湿滑的导电膏，摆脱了传统导电帽的种种桎梏。

但这只是开始。为了精准、高效地捕获那些隐匿在神经脉络中的"思维密码"，强脑科技倾力打造了一整套集硬件、软件与高级分析算法于一体的系统。这套系统犹如一台精

密的雷达，通过捕捉生物电信号来分析大脑活动情况。经过严密的测试与验证，这款便携性与泛用性俱佳的脑机设备，其采集精确度已达到令人惊叹的专业脑电检测仪器精确度的95%，堪称同类产品的翘楚。

拥有这样一套稳定可靠的系统，强脑科技如虎添翼，其对脑电波的研究工作一跃迈入全球顶尖行列。一系列基于海量脑电波数据的研究项目如雨后春笋般涌现，并快速结出累累硕果。

在算法层面，强脑科技更是展现了其深厚的技术底蕴。他们对跨用户通用性进行了极致优化。其中，强脑科技的"智能仿生手"就是这一先进技术的杰出代表作。这款产品搭载了先进的肌电神经电信号感知系统，通过高精度传感器测量残肢的肌电神经电活动，使得用户能够对假肢的每根手指进行独立且精细的操控。正如韩璧丞博士所言："当我们的大脑渴望行动时，它会向肢体发送指令。指令信号从大脑中枢出发，沿着脊髓一路传递至肌肉末梢，引发肌肉收缩，从而驱动身体行动。而我们的智能仿生手，就如同这链条上的关键一环，精准捕捉并响应这些源自大脑深处的'行动密码'。"

综上所述，强脑科技凭借其在脑电波采集、数据分析等方面的开创性贡献，成功塑造了非侵入式脑机接口技术领域的崭新面貌。尤其是推出的BrainCo智能仿生手，凭借其对肌电神经电信号的精准捕捉与解析，为残障人士提供了前所未有的自由操控体验，堪称科技赋能生命、重塑未来的典范之作。他们以实际行动诠释了科技如何以前所未有的方式揭示大脑的秘密、赋能人类生活，并在全球化战略的大潮中，以创新之力描绘出一幅智慧互联、共创共享的未来图景。

二、全球视野，打造领先技术团队

在全球化时代的大背景下，构筑一支具备全球视野的技术团队，意味着将全球尖端科技力量汇集成一股力量，将其牢牢掌握在手中；犹如在科技的星辰大海中点亮一盏明灯，指引着企业破浪前行。这一壮举不仅要求领导者对全球技术创新的脉搏与走向有着精准把握，更需具备开放的心态与包容的胸怀，如同一位博识的航海家，吸引并培养来自世界各地的顶级技术人才，将他们汇聚到同一艘航船上，共同驶向未知的科技前沿。这一理念的核心在于，通过构建一个多元、包容且高效的协作环境，充分激发每位团队成员的潜能，使之成为驱动企业创新引擎的关键齿轮。

打造这样的团队，就如同铸就一把锐利无比的创新之剑。这把剑蕴含着无尽的知识力量，能够斩破知识壁垒，洞见未来科技的发展方向。它在激烈的国际竞争中熠熠生辉，帮助企业始终保持领先地位，犹如一面旗帜，引领企业在全球科技变革的洪流中稳操胜券，持续推动产业升级与转型，最终在全球范围内塑造一座难以逾越的具有核心竞争力和技术领导地位的丰碑。这样的团队建设并非一蹴而就，而是需要企业在战略规划、人力资源管理、技术研发、文化塑造等层面进行深度耕耘。

首先，从战略层面，企业应当明确全球化技术团队的构建目标与路径，这既包括对全球科技趋势的深度洞察，也涵盖对自身技术需求的精准定位。领导者需积极参与全球科技论坛、行业研讨会等活动，与国际同行保持紧密交流，确保企业始终保持对最新科技动态的敏感度。同时，企业需要制定灵活且具有前瞻性的技术研发路线图，将全球视野与本土需求紧密结合，确保团队的研发方向始终与全球科技前沿同步。

其次，在人力资源管理方面，企业需建立一套高效的人才引进、培养与激励机制。在全球范围内广泛搜寻顶尖科技人才，同时，提供具有竞争力的薪酬福利、良好的职业发展平台，以及宽松的创新氛围，以吸引并留住这些宝贵的人才资源。

最后，在技术研发层面，企业应鼓励跨界融合与跨文化合作，打破学科界限，推动不同领域专家间的深度对话与合作。建立跨部门、跨地域的技术攻关小组，针对关键核心技术进行联合攻关，以集体智慧攻克复杂难题。同时，利用数字化工具搭建全球研发协作平台，实现远程协同研发，提升研发效率。

企业文化塑造是凝聚一支具有全球视野技术团队的另一重要维度。企业需倡导开放、包容、协作与创新的价值观，尊重多元文化背景，鼓励团队成员自由表达观点、分享经验，形成一种积极向上、勇于探索的企业精神。通过定期举办跨文化沟通培训等活动，增强团队的跨文化交际能力，促进团队内部的文化融合。

在全球脑机接口产业正站在时代风口之际，尽管其高度的专业性引发了对人才的极度渴求，但现实却是人才市场供不应求，特别是在高级学位科研人才供给方面，呈现出明显的瓶颈现象。中国在这片新兴领域的起步相对较晚，产业链尚处于逐步完善的阶段，人才储备也有待系统性充实，而且脑机接口行业横跨医学、计算机科学、电子工程等多个学科边界，构筑了一条技术门槛极高、环节众多的产业链条。任何一处的不足或短板，都有可能成为延缓其产业化步伐的羁绊，令无数怀抱雄心壮志的企业在攀登科技高峰的道路上步履维艰。

然而，市场需求的强劲势头并未因人才短缺而削减，尤其是国内市场对脑机接口专业人才的迫切需求，进一步加剧了供需矛盾，令不少规模较小、资源有限的中小企业在独立研发高端、系统化的脑机接口产品时，面临着巨大的压力与挑战。它们如同逆水行舟，既要应对技术难关，又要解决人才缺失的问题，处境颇为艰难。

对此，强脑科技创始人韩璧丞博士以其敏锐的洞察力，深刻认识到人才对于企业发展的重要性，他成功编织了一张吸引国际顶级脑机接口领域专家的网络，将一批批来自全球各地的精英纳入麾下。如今，强脑科技的团队阵容包含了国内外高端科技人才，构建现代化的研发创新体系，坚持用最优秀的人才去开发全球最前沿的技术，在引才、育才、留才制度建设上不断改进，凝聚创新力量。公司围绕生物传感技术、深度学习算法、机器人技术等研究方向，引进了数名国内外行业顶尖科学技术专家，并建设了一支百人规模的自主创新高层次人才团队。公司核心研发团队中，硕博占比超过1/3，来自哈佛大学、麻省理工学院等全球顶级学府的优秀校友占比超过70%，也包含来自浙江大学、清华大学等国内知名学府的优秀人才。他们如同璀璨的星辰，照亮了公司的科研之路，形成并加强了公司独特的竞争优势。强脑科技尤为重视内部人才培养机制的构建，传承并发扬了科研专家指导新手的优良传统，倾力打造出了一支能够承载企业未来发展希望的坚实人才队伍，他们犹如砥砺前行的勇士，肩负着推动技术创新、实现企业愿景的重任。

依托这支顶尖的科研团队，强脑科技在脑机接口领域势如破竹，迅速积累起丰富的知识产权资产，并在"固态凝胶电极"与"智能假肢算法"等关键技术上，牢牢占据了全球领导地位。团队成员在攻克关键技术节点的征途中屡建奇功，他们的足迹遍布新型电极材料的研发、人工智能算法的优化升级以及精密设计与先进制造工艺的改良等诸多领域。正是他们的不懈努力，最终孕育出了高性能的脑机接口产品，打破了国外技术封锁的枷锁，让尖端科技触手可及。

强脑科技不仅在国内市场上大放异彩，赢得了包括国家科技进步奖在内的众多殊荣，其明星产品 BrainCo 智能仿生手更是凭借创新的设计理念、卓越的实用性能以及对人性关怀的深度理解，赢得了国际社会的广泛赞誉与尊重。公司充分利用中国完备的工业体系优势，以国产化替代方案，使得智能假肢产品价格更为亲民，真正惠及了广大残障人群，市场份额不断提升，在全球脑机接口行业的影响力与日俱增。

得益于坚韧不拔的努力与持续的技术创新，强脑科技的产品成功应用于残障康复领域，极大地提升了残障人士的生活品质，帮助他们重新找回生活的尊严与自信。在诸如亚残运会等重大国际体育赛事中，强脑科技的产品更是大放异彩，残疾人运动员徐佳玲穿戴BrainCo 智能仿生手点燃了杭州第 4 届亚残运会主火炬，有力提升了企业的品牌形象，彰显了科技创新在应对社会挑战、提高人类生活质量方面的巨大价值。

秉持"科技向善"的核心价值观，强脑科技积极履行社会责任，实施了一系列公益合作计划，通过与慈善基金会合作，为近千名残障人士以极低甚至免费的价格提供智能康复辅具，实现了社会福祉与经济效益的高度统一，生动诠释了科技创新在增进人类福祉、推动社会进步中所能释放的磅礴力量。

随着技术的不断迭代与升级以及规模化生产能力的稳步提升，强脑科技在2022年实现了高精度脑机接口产品10万台的规模化量产目标，这是脑机接口技术向民用市场深度普及和广泛应用的一个重要的、具有里程碑意义的标志。这一成就不仅有力推动了脑机接口技术的商业化进程，更为强脑科技未来的长远发展奠定了坚实的基础。

总的来说，强脑科技凭借其全球视野的技术团队、深厚的科研实力、卓越的产品创新能力以及强烈的社会责任感，成功在脑机接口领域书写了一部充满活力与激情的发展史诗。他们以科技为笔，以创新为墨，描绘出了一幅形象生动而意义深远的全球化战略蓝图，展现出企业在全球化浪潮中乘风破浪、勇攀高峰的壮丽景象。这不仅是强脑科技自身发展历程的写照，也是中国高科技企业在全球化进程中锐意进取、奋发有为的生动缩影。

第三节 使命驱动：服务全球10亿群体

根据世界卫生组织（WHO）公布的数据，全球大约有10亿人口正遭受不同层次的精神健康问题困扰，对于强脑科技而言，为这一庞大的群体探寻解决方案，即是为企业赋予的人类福祉价值的体现。韩璧丞博士在哈佛大学脑科学研究中心求学期间，就已洞悉了非侵入式脑机接口技术在解决人类痛点方面所蕴含的巨大潜力。因此，强脑科技始终矢志自主研发针对脑部疾病治疗的相关设备，并积极推动其市场化进程。

在崇高的使命驱动下，强脑科技胸怀远大愿景，矢志以科技创新之力，普惠全球10亿群体。在这个伟大的征程中，强脑科技不仅寻求到了商业成功，更力求在推动社会进步与人类福祉提升方面留下深刻的印记。

由强脑科技倾力打造、坐落在杭州的开星果儿童成长中心，专注于为患有孤独症谱系障碍、发育迟缓、言语障碍、感觉统合失调以及注意力缺陷多动障碍（ADHD）等的儿童群体提供专业的干预服务。该中心采用"教育与科技深度融合"的干预训练体系，以国际公认的早期介入丹佛模式（ESDM）、应用行为分析疗法（ABA）、语言训练（ST）、作业治疗（OT）等多种干预手段为核心，巧妙整合了自主研发的开星果脑机接口社交沟通训练系统，旨在全面提升儿童在社交互动、沟通表达、言语发展、思维能力和行为适应性等方面的能力，从而使儿童大脑与行为康复过程变得更加科学严谨、趣味盎然，且效果显著。

公司在深圳设立的开星果儿童成长中心也肩负着相同的使命，致力于为当地特需儿童提供与杭州中心一致的高品质干预服务和训练体系。

开星果始终坚持以专业、前沿的早期干预方案和科技设备，赋能那些被称为"星星的孩子"的患有孤独症的儿童，让其康复过程科学而富有成效，充满乐趣，助力他们开启心灵之门，更好地理解和感知世界。

强脑科技拥有包含智能假肢、智能康复、电子消费品产品在内的丰富的产品线，通过与大健康、康复、电子消费、医疗等各大产业链上下游企业展开合作，共同推进脑机接口的底层技术突破与产品应用转化，以前沿脑机接口技术提供肢体康复、孤独症、注意力问题、焦虑失眠等问题的解决方案，让先进技术及产品提升更多人的生活幸福感。

2022年，强脑科技首个主打C端市场的产品——深海豚（Easleep）脑机智能安睡仪，产品聚焦当下热点睡眠问题，基于其强大的精准脑电（EEG）以及人体体征信号检测技术，结合CES物理助眠、双声拍及多重音波结合认知行为疗法CBT-I，通过人工智能算法，为用户打造睡眠问题整体解决方案，产品一上市便多次蝉联天猫"睡眠仪热销榜"榜首。2023年，深海豚（Easleep）脑机智能安睡仪荣获天猫小黑盒"年度超级新物种奖"。

在智能假肢方面，强脑科技与全国各地多年深耕假肢市场的装配机构开展深度合作，为更多肢残用户提供尖端的仿生假肢产品，提供优质的技术服务及装配服务。此外，强脑科技还与公益慈善机构开展合作，让用户以极低或免费的价格获得智能假肢，目前受益人已遍布全国70%的省份。

在公司创始人韩璧丞博士的长远规划中，强脑科技将进一步深化与各大权威三甲儿童医院和儿童康复研究机构的合作关系，开展多中心、大规模的科学研究，深度探索脑机接口技术在孤独症早期干预中的潜能，并持续优化开星果脑机接口社交沟通训练系统，致力于研发具有中国自主创新特色的高水平孤独症疗法。我们深信，脑机接口技术将为孤独症干预领域带来革命性的飞跃，践行强脑科技以"脑机科技，开启生命更多可能性"的初心、愿景和责任担当。

面向全球10亿饱受精神健康问题困扰的人群，强脑科技不仅贡献先进的科技力量，更寄托着引领他们迈向全新生活的热切希望。

脑机接口：未来世界的空气、水电和互联网

——专访浙江强脑科技有限公司创始人兼CEO韩璧丞

《样本》：非侵入式脑机接口技术的优势在哪里？

韩璧丞：非侵入式脑机接口技术犹如一条承载人文关怀与科技创新双重使命的独特桥梁，在脑机接口这片广袤天地中扮演着革新者与领航者的角色。相较于侵入式技术所面临的伦理考量和潜在的安全隐患，非侵入式脑机接口以其更高的安全系数、更广泛的适用人群及无比广阔的市场前景脱颖而出。特别是在我国，深厚的技术底蕴为我们迎来了突破性进展和加快产业化的黄金窗口。

当下，科研工作不应仅停留于对既有成果的复制或应用场景的简单迁移，而应倡导并激励科研人员专注攻克核心技术难题，解决共性关键挑战，勇闯原创性与颠覆性兼具的"无人区"。据统计，在脑机接口研究的版图中，非侵入式技术占据了超过七成的研究份额，远超侵入式技术的比例，而这其中大部分动物实验集中在鼠、猪、猴等物种身上，人体实验则相对较少。

《样本》：非侵入式脑机接口技术会如何帮助消费者？

韩璧丞：回溯一个多世纪的科研历程，非侵入式脑机接口技术的发展历经岁月磨砺，相较于侵入式手段，其技术成熟度显然更高，对人体造成的损害微乎其微。站在用户立场，非侵入式技术的接受度更加广泛，其带来的不适感和潜在风险亦大大降低。

医学实践视角下，疗效与治疗手段的安全性同等重要。非侵入式脑机接口技术在此双重考量中展现出了不可小觑的优势，无论是针对孤独症、多动症患者的康复治疗，还是残疾人士的功能恢复，抑或是老年人的认知障碍干预，甚至日常生活中常见的睡眠障碍与焦虑症状，非侵入式方法均显现出了积极的应用潜力与良好效果。

与此同时，应充分尊重市场需求导向，驱使脑机接口科技成果走出实验室，转化为真正惠及民生的生产力。聚焦国家重大工程项目需求，兼顾非侵入式与侵入式双轨战略，系统规划，有序布局，扎实推动"核心高端基础"技术的深层次研究，逐步构建起完善的产业化链条和系统化发展机制，从而有力促进我国脑机接口领域的跨越式进步，实现从跟跑

到领跑的历史性转变，让更多患者与普通用户享受到这项技术所带来的福音。

《样本》： 在推动新质生产力发展的当下，脑机接口如何发挥作用？

韩璧丞： 在高质量发展的时代浪潮中，新质生产力的孕育与发展无疑是撬动经济社会转型升级的深层动力与关键抓手。脑机接口技术，这一构筑起生物智能与机械智能对话桥梁的革新力量，成为新质生产力的生动诠释与典型范例。

沐浴在举国上下倾力培育新质生产力的时代阳光下，脑机接口科技将在众多领域展现其不可或缺的价值与多元化的应用潜能。

在关乎生命健康的医疗领域，脑机接口技术如同一束温暖的人文之光，赋予了肢体残障或受疾病困扰而丧失行动能力的个体以崭新的生活可能。他们能够凭借意念之力驾驭假肢、操控轮椅，重拾尊严与活力。同时，脑机接口通过对脑电活动的精密捕捉与解读，助力医生精确诊断与个性化康复策略的制定，在诸如中风后康复、渐冻症等棘手疾病的救治过程中担当至关重要的角色。它同样在抑郁症、帕金森病、癫痫等神经疾患的早期识别与创新疗法中开拓出令人瞩目的新天地。

而在工业制造与劳动效能提升层面，脑机接口构建起了人类智慧与智能装备之间天衣无缝的连接，消减繁重体力劳动，增强精准操作性能，尤其在恶劣环境下的远程操控中彰显其无可比拟的优势。通过实时监测工作人员的心理状态，如注意力集中度和情绪波动，脑机接口进一步赋能企业优化流程设计，提高工作效率，同时也提升了职工的职业满足感。

在教育科研的广阔天地，脑机接口技术深掘大脑运作的秘密，有力驱动认知神经科学、人工智能等相关学科的前进步伐。它融入教育过程，为每位学子打造个性化的学习旅程，依据学习者的专注水平和理解进度动态，调适教学模式与内容，打开教育革新的全新视界。

新兴产业的萌芽与壮大离不开脑机接口技术的催化作用，它正孕育着一系列高科技消费产品，如由思维驱动的游戏装置、智能家居等，并借此重塑我们的生活方式。智能头盔、眼镜等穿戴设备经由脑机接口的赋能升级，将进一步革新人们的沟通方式、休闲娱乐和信息获取体验。

综上所述，依托新质生产力的澎湃动力，脑机接口技术将在医疗保健、教育科研、工业制造、新兴业态乃至国家安全等诸多领域产生广泛而深远的影响，它不仅有望破解诸多社会民生难题，更是引领新一轮信息技术革命的先锋，带动整体经济的繁荣与社会文明的进步。然而，面对技术飞跃的同时，我们必须清醒认识到，伦理道德、法律法规与个人隐私保护等方面的问题亟待同步思考与妥善应对。

《样本》：脑机接口技术目前的发展是否已经成熟？

韩璧丞：尽管我国脑机接口产业已在短期内取得显著跃升，但我们仍需保持理智，看到整个行业尚处于起步阶段，前方的道路并不平坦。关键技术的突破与创新，无法乞求他人，只能依靠自身的辛勤耕耘与不懈追求。产业化的关键在于核心技术的攻关，推动新质生产力的脑机接口创新，呼唤大规模资源持续投入。幸而，当前国家对于脑机接口行业的高度关注与大力支持，无疑为我们每一位从业者注入了坚定信念与前行的力量。让我们携手共进，在这个充满挑战与机遇的赛道上，砥砺奋进，共同开创脑机接口技术的新纪元。

《样本》：脑机接口技术的未来在哪里？

韩璧丞：在21世纪这个科技蓬勃发展的时代，同时也是中国全面崛起的时代，每个十年都见证着中国紧握时代的脉搏，书写辉煌篇章。第一个十年间，中国把握住加入世界贸易组织的重大机遇，实现了令全球瞩目的经济社会发展；第二个十年，中国抓住互联网的浪潮，稳居数字经济的潮头；第三个十年，中国在人工智能领域抢占先机，成为全球AI技术创新的引领者。脑机接口技术，就如同这些划时代的科技领域一般，构成了推动社会进步的重要基石。

我对脑机接口技术的未来发展寄予了深切期盼，它所代表的一系列技术突破，或将引发一场触及根本、颠覆传统的技术革命，其意义之深远，堪比基因技术对人类社会格局的重构。

现今，已有诸多机械设备如机械臂、机械腿在为残障人士提供支持，但这些仍停留在较为机械化的阶段，多为被动反应而非主动配合人的意愿。展望未来，脑机接口技术必将通过更加精准地捕捉、解析、处理人类脑电波，实现"心念一体"的理想境界，这无疑将成为残障人士的一大福音，助力他们在社会各个领域更好地实现自我价值和生活自由。

对于健全人而言，脑机接口技术同样有着巨大的潜力，它或许能够通过强化人机交互，拓宽人类能力的边界。未来，"赛博人"概念不再是科幻遐想，而是指人类与机器深度融合的全新存在形式。试想一下，当脑机接口能够精准读取并输出我们的思想，无须语言交流，只要心意相通，想法就能瞬间投影到屏幕上，甚至直接传输到他人心智之中，这正是科幻变为现实的魅力所在。

展望未来社会，脑机接口设备或将成为每个人生活、工作中不可或缺的一部分，就像今天的空气、水源、电力和互联网一样，成为人们生存和发展无法割舍的基本要素，引领人类社会步入全新的智能化时代。

脑机接口技术的新质生产力
典范与未来展望

当今人类对大脑的认识和利用达到了前所未有的高度。脑机接口技术作为连接人脑与外部设备的桥梁，正在逐步揭开大脑潜能的神秘面纱，为医疗、教育、娱乐等领域带来革命性的变化。在这一背景下，强脑科技的崛起不仅是中国科技创新的一个缩影，更是全球脑机接口技术发展的重要里程碑。在脑机接口技术与医学应用的交会点上，强脑科技作为行业的领航者，展现出显著的创新性、前瞻性以及独特性，其发展轨迹与成就是新质生产力的典范。

强脑科技在非侵入式脑机接口技术的探索与应用上，突破了传统界限，研发出高精度、加密性强的可穿戴脑电芯片，解决了脑电信号大规模精准采集的难题。这一创新不仅体现在技术层面，更在于其产品设计与市场应用的紧密结合，如智能仿生手、智能仿生腿等，通过精准识别用户的意图，实现了与人体自然动作的高度协调，展示了其在人机交互领域中的创新突破。此外，开星果脑机接口社交沟通训练系统，针对自闭症儿童的个性化治疗方案，更是开创了脑机接口技术在特殊教育和康复领域的先河，充分体现了技术服务于社会、解决实际问题的创新价值，体现了公司在技术研发和社会责任履行上的双重承诺。

作为首个获得哈佛大学创新实验室认可的中国团队，强脑科技预见了脑机接口技术的广阔应用前景，提前布局康复、大健康及人机交互等领域。尤其是在康复领域，其智能仿生产品与数字疗法的结合，预示着未来医疗康复模式的重大变革。强脑科技对非侵入式脑机接口的深入研究，不仅顺应了技术趋势，更符合伦理与安全的考量，为该技术的普及与应用铺平了道路，展现了其对行业未来发展的洞察与预见。

强脑科技的独特之处在于其综合性的科研与创新生态系统。公司汇集了全球顶尖科学家团队，与哈佛大学、麻省理工学院等世界级研究机构紧密合作，这不仅确保了其技术的前沿性，也促成了多项国际认可的专利成果。其在知识产权方面的重视与积累，形成了一道难以逾越的竞争壁垒，进一步巩固了其在行业内的独特地位。科技创新需要全球视野和本土实践的结合，需要跨学科的深度融合，更需要对社会责任的深刻理解和积极履行。强脑科技正是凭借其前瞻性的战略规划、持续的技术研发投入以及对社会责任的承担赢得了业界的尊重和市场的认可。

新质生产力强调的是以科技创新为驱动力，推动产业转型升级。强脑科技通过持续的技术研发和产品迭代，成功将脑机接口技术从实验室推向市场，实现产业化。其智能仿生手获得FDA认证，单品10万台量产，并荣获iF设计奖等荣誉，证明了其商业模式的有效性及市场接纳度，为行业树立了新质生产力转化的成功典范。此外，强脑科技的长远规划，如智能仿生膝、睡眠干预、老年痴呆干预等产品的开发，不仅拓宽了脑机接口技术的应用边界，也预示着其作为新质生产力代表的持续领导力。

强脑科技通过其在脑机接口技术领域的创新研发、前瞻布局、独特生态构建以及新质生产力的高效转化，不仅推动了产业升级，更为全球脑机接口技术的发展树立了标杆，展现了科技创新对人类生活的改善。但脑机接口技术的发展仍面临诸多挑战，包括技术成熟度、伦理法规、个人隐私保护等。这些挑战需要我们整个行业乃至社会各界的共同智慧和努力，以确保在技术发展的同时能够兼顾伦理和社会价值。

胡　郁　科大讯飞联合创始人、聆思科技董事长

第八章
青云直上，别出"新材"

——江苏青昀新材料有限公司

- **楔子：** 平芜尽处是春山

- **企业概况：** 闪蒸法超材料破壁者

- **创新解读：**

- **企业家专访：** 创业是一场信仰的战争

- **专家点评：** 长坡厚雪，久久为功

平芜尽处是春山

公元前2世纪的西汉时期，造纸术的发明改变了人类记录、传播和交流信息的方式，为世界文明的进步和发展作出了重要贡献。公元21世纪，鲲纶™Hypak™的横空出世，吹响了纸张向新的材料世界进军的号角。这种集纸张、织物和薄膜三类材料优点于一身的材料，防水却透气、质轻却强韧，可适用于各种印刷和加工工艺，用途极为广泛。但这一具备诸多特质的材料，此前被全球化工巨头垄断近半个世纪，除了供应量有限，定价权、供应权也牢牢掌握在对方手中。

面对闪蒸法超材料这一高技术领域，江苏青昀新材料有限公司（以下简称青昀新材）坚定"我们在创造历史"的信念，在其创始人的亲身带领下，青昀人以坚定不渝的信念和不屈不挠的精神，攻坚克难，不断超越自我，经历了三年、三年又三年的研发进步，最终在自主研发的道路上取得突破性进展，实现了从实验室到生产线的华丽转变，为国家材料科学的进步贡献了力量。

鲲纶™Hypak™材料的国产替代，为下游客户提供了更具性价比的选择，减少了对进口产品的依赖，助力这些企业向更高毛利的高端产品市场转型，对国家先进材料的自主可控和稳定供应有重大意义。

围绕闪蒸法超材料，青昀新材继续秉承"创新驱动发展"的理念，坚持以市场需求为导向，以客户为中心，不断在闪蒸法超材料领域进行探索式创新和应用式创新，推出高性能、绿色环保材料，提高产品质量的同时更好地服务客户的使用场景。

青昀新材的创新之路，是一条不断突破自我、追求卓越的道路。

追风赶月莫停留，平芜尽处是春山。未来，青昀新材将继续以创新为驱动，以技术为引领，不断探索材料科学的新领域，为实现人类社会的可持续发展贡献自己的力量。在这条充满挑战与机遇的道路上，青昀新材将勇往直前，永不止步。

闪蒸法超材料破壁者

青昀新材是一家厚积薄发、快速成长的高科技创新型企业，专注于特种纤维材料研发的高新技术企业，致力于成为全球最具创造力的材料科技企业之一，为人类美好生活创造可持续解决方案。2014年，青昀新材正式成立，创始人陈博屹先生组建了一支汇聚国内外材料行业顶尖的科学家研发队伍，全心投入闪蒸法工艺技术的研发中。经过多年自主研发，青昀新材在2019年成功实现闪蒸法超材料从微观原理、纺丝控制到后处理加工的整体制程工艺突破，自主研发自有品牌鲲纶™Hypak™，并实现中试线小规模量产。2021年9月7日，青昀新材正式启动青昀产业园的建设。2022年，青昀新材投产了国内首条3000吨闪蒸法超材料规模化产线，并成功将产品销往全球。

青昀南通产业园

一、唯精唯一，自我进化

青昀新材自2014年成立，就专注于高分子材料领域的研发。在其后发展的10年里，青昀新材依靠创始人自有资金投入，坚定研发道路，在闪蒸法技术领域取得重大突破和产业化进展。

青昀新材具有强烈的创新意识和持续的研发努力。公司吸引了来自哈佛大学、马克斯–普朗克实验研究所、清华大学等海内外知名学府的精英人才，组建了一支兼具丰富产业经验和深厚研发功底的团队。

青昀新材以价值创造为核心，以奋斗者为本，以担当者为要，注重革新、专注、客户第一、安全。青昀新材团队通力协作，持续革新，沉淀底层技术开发及工艺开发能力，打破全球500强企业近55年的独家垄断，申请技术专利超130项，授权发明专利34项，授权实用新型专利47项，PCT国际申请5项。鲲纶™Hypak™的产品性能、外观基本接近全球水平，同时部分关键性能甚至超过国产竞品，价格更具竞争力。

2020年，青昀新材中试产线正式投产，2023年建成中国首座15000吨级工厂，实现规模化量产。

2022年，青昀新材获得高瓴创投、东方雨虹、中金资本等投资方的超亿元A轮融资，2023年获得超亿元的B轮融资，吸引了很多国家级资金投入，如中建材、中石化等。融资资金将主要用于扩建产线、强化供应链体系及扩建团队。

青昀新材在技术突破、大规模量产和商业进展上均建立起了坚实壁垒。青昀新材团队以开放的视野、使命必达的执行力和坚定不移的信念持续创新，为成为最具创新力的新材料科技创新平台而努力。

二、可持续产品触达全球

可持续发展是青昀新材的使命，青昀新材通过创新材料技术，助力产业升级，推动社会进步和环境保护。

鲲纶™Hypak™由高密度聚乙烯制成，以独特的材料特性和功能展现了青昀新材对可持续发展的承诺。鲲纶™Hypak™具备防水透气、质轻强韧等特点，可广泛应用于医疗包装、建筑节能、工业革新等多个领域，优越的产品性能可以直接减少耗材使用，进而有效降低能耗，提高效益。

青昀新材也始终以绿色生产、安全生产为己任，志在打造利于可持续发展的零碳工厂。从研发到制造，青昀新材产品生产的每个环节都严格落实零碳理念，通过五大体系内循环系统，实现高效、全面的能源回收，循环利用。

在生产制造方面，青昀新材建设碳中和一体化工厂，利用BIPV光伏系统替代传统屋顶，光伏发电量有效补充工厂电力能耗；对工厂热能进行梯级利用，将余热回收利用；将蒸汽冷凝水回收，利用余热升温后重新进入生产体系；循环使用废料，实现绿色生产。工厂已获得ISO 13485、ISO 9001、ISO 14001及ISO 45001体系认证。鲲纶™Hypak™材料还通过了SGS检测——RoHS、REACH两项欧盟标准,US California Proposition 65、US FDA 21 CFR两项美国标准,证实产品对人体安全、对环境无害。

青昀新材围绕医疗包装、建筑节能、安全防护、工业革新以及创意生活五大场景,提供定制化场景解决方案,细分场景有包括书籍、建筑、广告、防护服、汽车、医疗、物流、标签、植保、地图、包袋、装饰礼品在内的近百种。青昀新材在进行国产替代的同时走出国门,走向全球市场,已在全球多地布局。

未来,青昀新材将持续扩张,不断地把新技术转化为产品,探索新材料更多的应用市场。深耕长三角、拥抱全球,青昀新材不断为人类美好生活创造更多可持续解决方案。

第一节　突破困境，从大到强

在实现从制造大国向制造强国转变的历史使命中，新材料是两大"底盘技术"之一。"底盘技术"就是基础技术与最重要的支撑技术，它的产业发展将从价值链中低端向中高端迈进。但中国依旧是材料大国而不是材料强国，自主创新能力不强，研发主要处于跟跑水平，专利成果转化率较低，国产替代空间巨大。同时，新材料企业的发展面临资金链稳定性、技术创新压力、市场竞争加剧等诸多困难。

一、国产替代正当时

近年来，新材料产业一直是我国向制造强国发展中重要的基础性、产业性、先导性产业，是国民经济发展的重要基础，加快发展新材料产业对推动技术创新、支撑产业升级、建设制造强国具有重要的战略意义。在政策推动的背景下，下游产业国产替代和制造业技术迭代升级带来的新增需求有望带动新材料行业不断打开增长空间。2022年中国新材料产业总产值约6.8万亿元，近五年年均复合增长率为15.66%。华经产业研究院预计，到2026年，我国新材料产业总产值、全球新材料市场规模将分别达到12.3万亿元、6.4万亿美元。

我国高度重视新材料产业的发展，先后将其列入国家高新技术产业、重点战略性新兴产业和《中国制造2025》十大重点领域，并制定了多项规划和政策，大力推动新材料产业发展，新材料产业的战略地位持续提升。新材料行业作为战略性、基础性产业，对于推动产业链供应链的自主可控具有重要意义，这不仅关系到国家的战略安全，也是推动经济发展和科技进步的关键因素。在先进基础材料领域，《面向2035的新材料强国战略研究》中提出新材料强国战略总体发展目标为：2025年实现重点新材料技术和应用与国际先进水平同步，部分领域达到国际领先；提升新材料产品质量与稳定性，增加中高端产品比重，进入全球价值链中高端环节；增强关键材料和装备自主研发能力，缓解关键材料短缺问题。2035年，围绕国家安全、产业安全、科技安全的核心需求，基本解决核心系统和关键器件受制于人问题；构建全面的支撑保障能力，提升材料行业国际竞争力，基本建成自主创新体系。2050年，成为世界材料强国前列，全面建成自主创新体系，材料研发和产业竞争力全球领先；材料发展全面满足国民经济和国防安全需求，支撑全球经济社会发展。

从国内新材料市场格局分布情况来看，外资企业占据着我国新材料行业第一梯队，其业务布局广泛、产品链发展成熟、技术水平领先、行业经验丰富、资源规模优势明显，占据着我国新材料行业的高、中端市场，经营利润丰厚。我国材料行业在部分领域仍存在短板，不少产品或无法自给，或水平不足，未来发展空间十分广阔。据工信部对全国30多家大型企业的130多种关键基础材料调查结果显示，中国新材料进口依赖程度较高，32%的关键材料在中国仍为空白，52%依赖进口。闪蒸法超材料这一产业在国内的发展仍处于导入期，国产化率在10%以下，生产成本、研发费用高，市场渗透率较低，但产品毛利高、盈利能力强。

整体而言，我国新材料产业起步晚、底子薄、总体发展慢，仍处于培育发展阶段；核心技术与专用装备水平相对落后，关键材料保障能力不足，产品性能稳定性亟待提高；创新能力薄弱，产学研用合作不紧密，人才团队缺乏，标准、检测、评价、计量和管理等支撑体系缺失；产业布局乱，低水平重复建设多，低端品种产能过剩，推广应用难等问题没有根本解决，仍然是建设制造强国的瓶颈。

在国家高度重视并支持新材料产业发展的环境下，新材料产业成为社会投资热点。即使是在全球经济波动和资本市场收缩的大背景下，新材料行业依然保持了逆势增长的态势。2021—2023年连续三年每年发生投融资事件数量超过200笔，2023年投融资事件数量达到240笔，融资总金额约700亿元，创下历年新高。

新材料行业的技术迭代速度快，研发周期长，这要求企业具备强大的创新能力和掌握关键核心技术的能力。在专精特新的背景下，那些能够在这一领域内持续创新并掌握核心技术的企业，将能够享受到由此带来的发展红利。

二、新质生产力发展新动能

相较中下游、终端产品，材料行业具有"三高三长"的特点：高投入、高难度、高门槛、长研发周期、长验证周期、长应用周期。企业需要巨额的资金投入和高水平的技术能力来进行研发和创新，不仅包括直接的研发成本，还包括对先进设备和技术的需求。在关键战略材料领域从研发到应用的周期往往长达10年至20年，这要求企业有持续的资金支持和技术积累。

从新材料企业的发展规律来看，企业在不同发展阶段需要跨越科学技术化、技术产品化、产品产业化、产业资本化等关键鸿沟。目前，我国大多数行业没有专门的产业共性技术研发机构，共性技术研发处于缺位状态；由于缺乏良好的资源配置机制和持续有效的投入，因而无法在技术源头上支撑自主创新。目前，新材料产业呈现企业参与创新研发不足，生产跟踪仿制多，普遍存在关键技术自给率低、发明专利少、关键元器件和核心部件受制于人的局面。我国新材料专利成果转化率也较低，专利数量虽然已经是世界第一，但是新材料专利成果的转化率仅为10%，而美国的转化率高达80%。以企业为主导的产学研用创新平台还需要进一步加强。

同时，新材料细分性强，针对性强，应用领域较窄，容易受到下游行业波动的冲击，可持续发展的能力是关键。在主营业务基本盘稳定后，新材料企业还应从产品研发、认证、市场开拓等方面提前布局新业务、新增长极。

近年来，以企业为主体、市场为导向、产学研用相结合的新材料创新体系逐渐完善，新材料国家实验室、工程（技术）研究中心、企业技术中心和科研院所实力大幅提升，在重大技术研发及成果转化中的促进作用日益突出。

当前，全球新材料竞争表现出新的特征。例如，在材料的前沿研究方面，随着原创、变革、颠覆性技术的不断涌现，行业发展主动权的争夺日趋激烈。在产业发展方面，随着高新技术、高端制造和重大工程的变革，产业发展主导权成为争夺的对象；在材料技术方面，产学研用融合立足企业整体创新，这是争夺工业发展自主权的关键。此外，绿色发展的要求、人工智能与新材料相结合，也加剧了材料高性能和智能化的竞争。

新一轮科技革命与产业变革蓄势待发，全球新材料产业竞争格局正在发生重大调整。新材料与信息、能源、生物等高技术加速融合，大数据、数字仿真等技术在新材料研发设计中的作用不断突出，"互联网+"、材料基因组计划、增材制造等新技术、新模式蓬勃兴起，新材料创新步伐持续加快，国际市场竞争将日趋激烈。

未来五年，是调整产业结构、推动制造业转型升级的关键时期。新一代信息技术、航空航天装备、海洋工程和高技术船舶、节能环保、新能源等领域的发展，为新材料产业提供了广阔的市场空间，也对新材料质量性能、保障能力等提出了更高要求。在当前复杂的国际环境下，新材料产业应抓住机遇，加快发展新质生产力，围绕前沿研究、产业发展、技术应用三个维度重点提升六个能力，即原创能力、基础能力、补短板能力、集成能力、智能能力、绿色能力，争取知识创新和技术创新的新突破，向更高水平、更高质量创新发展，集中力量突破技术难关，提升新材料产业保障能力，支撑中国制造实现由大变强的历史跨越。

第二节　打造新材料产业的创新高地

创新是引领企业发展的第一动力，创新的含义不仅是技术的突破，更是经营理念的转变，是推动企业持续发展的关键所在。青昀新材是一家创新驱动的高科技企业，围绕创新，青昀新材在技术上深挖闪蒸法技术的护城河，提高产品性能；在业务上不断横向拓宽产品的应用场景，开拓更多市场；在生产方面精益求精，通过阶梯式量产策略，智能化、自动化生产等手段，稳定扩大产能，高效服务客户，降低成本。青昀新材经历八年的独自奋战，潜心于闪蒸法技术的研究和突破，上下一心、齐头并进创造历史的"信仰共识"是支撑其发展的要义和成功的关键。

熬过近10年的独自奋战，在坎坷的路上决心前行，在新材料行业，耐心和坚持是成功的关键。青昀新材打造了高标准、强信念、高效率的管理团队，充分发挥人才优势，激发企业全员活力。在发展的道路上，青昀新材以坚定的信念和昂扬的斗志，勇往直前，不断迎接新的挑战。

一、精一与多元

创新驱动是科技型企业提升核心竞争力、加快转型升级的关键。技术创新理论将双元创新分为探索式和利用式创新。探索式创新强调创造新知识、开发新技术和新产品、探索新生产流程以及新领域，具有高嵌入、高风险和高收益的特征；利用式创新是在原有知识和资源基础上，更新和完善产品、服务和市场，追求目标和效率的可预测性和稳定性。

青昀新材作为一家突破先进材料制造技术的公司，首先做的是探索式创新。

从0到1意味着青昀新材需要在配方、工艺、设备全环节独立完成。"工艺、设备、配方三要素要相互匹配，中间有诸多变量，我们就不断试错，哪怕一个小零件，我们也会设计四五十种方案，做不同测试与验证，反复穷举、收窄目标，最后锁定方案。"陈博屹回顾研发历程时说。

最开始是找到合适的配方，从众多可能性中找出最佳方案，并考虑到后续放大时可能出现的问题。这一阶段称为小试，小试阶段需要对实验室原有的合成路线和方法进行全面、系统的改革，确保使用工业级原材料和溶剂不会对反应产生干扰，以及对产品产率和质量是否有影响摸索产品性能，这一过程花了三年时间。接下来是中试阶段，在中型设备上进行工艺验证和优化，检验和完善小试阶段确定的工艺方案是否适合工业化生产。用什么样的设备？参数如何设置？设备是否需要改造？闪蒸法设备需要高度定制，闪蒸法过程对工艺参数的精确控制要求较高，需要精细的工艺优化和调整。从2017年到2020年，青昀新材完成了中试阶段的探索。

在量产阶段，市场化问题、生产效率问题、安全生产的保障问题接踵而来，规模化产线于2022年投产。八年磨一剑，鲲纶™Hypak™终于成功走向市场。

在闪蒸法技术成功突破后，青昀新材要进行利用式创新，拓宽产品的边界，使之适应更多的应用场景，赋予产品更高的附加值。

鲲纶™Hypak™是一种高强度又防水透气的特种纤维材料，通过无纺布的形态进行排布，在防水透气和强度高、重量轻等方面实现了高度的平衡，具备结构致密性、其孔径微小却又允许气体分子通过，所以兼具了防水、防粉尘和良好的透气性能，同时具有洁净度高、强韧耐撕等特性，其下游应用场景和行业有近百种。

但不同应用领域对闪蒸法材料的特性有所区别，可以通过调整闪蒸法过程工艺参数，如溶液浓度、喷头设计、气流速度等，来控制纤维的形态和性能。

以创意生活场景为例，将鲲纶™做成纸袋、纸灯时需要质感光滑、硬挺，具有出色的可印刷性，同时具有独特的触感和纹理；做成时装则需要质感更像布，触感柔软，方便进行印刷缝纫。

青昀新材不仅根据客户的需求来定制产品，还与客户共同探索下游的加工制作方案。在包装领域，鲲纶™Hypak™需要与其他材料复合或自身进行黏合时，如果当作常规纸张类，则容易引起因胶水选择或施胶不当而造成起泡褶皱等现象。什么样的胶水可以达到最好的黏合强度？施胶量应如何控制？客户的生产加工设备需要如何调整？这些都需要重新探索。

如今，青昀新材已覆盖医疗包装、建筑节能、安全防护、工业革新以及创意生活五大场景，包括书籍、建筑、广告、防护服、

鲲纶™材料

汽车、医疗、物流、标签、植保、地图、包袋、装饰礼品在内的近百种细分场景，并通过与头部客户如东方雨虹开展战略合作的形式，深化场景拓展。

青昀新材通过融合技术精一化和业务多元化的T形战略，一方面持续纵向深挖技术与品牌护城河，即业务专一化（specialization），类似"深挖洞"；另一方面则不断横向拓宽产品与客户体验的相邻应用场景，即业务多元化（diversification），类似"广积粮"。通过结合深度专业知识和跨领域的协作，T形战略在专精的同时扩大市场空间，有助于促进创新思维，使青昀新材能够更快地适应市场变化。

二、稳步高效，阶梯式跃进

稳定品质的量产是材料企业发展的关键，这意味着企业对材料本身以及生产工艺有精准的把握，同时具备高效的运营能力，建设稳定的供应链、实现高效的产能规划，并且能够快速响应市场需求，在此基础上通过规模经济降低成本，达到最佳产能，增强企业的竞争力。

青昀新材采用阶梯式量产策略，以半年为周期产线规模翻倍。同时辅以智能化、自动化手段，并在产线规划、生产技术上更新迭代，持续精进。

2020年，青昀新材™中试规模产线在浙江嘉兴投产，产能300吨。2022年，青昀新材™产业园大规模生产基地在江苏南通投产，产能3000吨。2023年8月，建成6000吨生产线。"产能翻倍对生产设备、生产工艺的挑战是很大的，过程中可能遇到各种各样的问题。阶梯式的扩产策略允许我们不断验证和迭代生产技术，同时确保产品的稳定性，并迅速提高产量。"首席运营官徐力博说。在生产稳定后，设备调试、工艺优化等仍在测试生产线上进行，小步快跑，及时更新，将经验证的新变化应用到正式产线上。客户说："青昀新材的产品迭代速度很快，产品质量提升明显。"

在原材料供应方面，青昀新材选用多家上游供应商保证稳定供应。

同时，青昀新材在生产建设之前对数字化系统进行规划设计，引入ERP、MES、SCM、CRM、PLM等成熟业务系统，以智能装备数据管理平台为支撑，使工厂底层数据与上层管理信息系统互联互通，打造成智能化生产制造系统，可以实现自动化生产、订单透明化管理、智能排程、生产装备数智化升级功能，满足高效运营、智能生产的目标。

为应对不同客户的需求，青昀新材以应用领域为分类，提供定制化场景解决方案。如今，青昀新材的产品牌号已开发上百种，客户上午下单，下午交货。每天大卷的鲲纶™Hypak™从仓库按批出发，实现零库存管理。

青昀南通产业园

对于产能的扩张，陈博屹制订了明确的计划："未来，我认为产能在达到8万~10万吨的情况下，材料的成本可以接近于大规模应用的场景，从而刺激下游应用的市场体量也快速增长。"

未来，青昀新材还将升级智能仓库，智能仓库将集成先进的信息技术，如自动化设备、物联网（IoT）和大数据分析、AI等，拥有高度的自动化和信息化能力，可以实现自动装卸、库存管理等功能，使得仓库管理更加科学和精细，不仅提高了仓库的运营效率和准确性，还优化了资源配置，降低了运营成本，同时提高了仓库管理的灵活性和适应性。

青昀新材通过大力推进材料生产过程的智能化和绿色化建设，推动新材料设计、加工、制造及测试过程的数字化、智能化，重点突破材料性能及成分控制、生产加工及应用等工艺技术，不断优化品种结构，提高质量稳定性和使用寿命，降低生产成本，推动先进基础材料工业转型升级，提高先进基础材料国际竞争力。

三、使命引领，共创价值

人才是兴业之本、创新之源。在科技飞速发展的新形势下，人才竞争空前激烈，如何最大化地激发人才的创新创造活力，已成为科技自主创新的先决条件和重要前提。对于组织文化建设和人才培养，青昀新材有其独到的理念。"人类的历史进程就是不断创造和推进'共识价值'的过程。真正能带领团队向前的是每一个成员共享的信仰，而非短期的利益驱动。"陈博屹说。

闪蒸法超材料的研发和量产经历了从0到1的过程，其中面临无数意想不到的挑战，需要坚定的信念和不断追求卓越的精神。以"信仰价值"为基础，青昀新材打造了高标准、强信念、高效率的管理团队，逐步形成了1+2+4的企业文化，以价值创造为核心，以奋斗者为本，以担当者为要，革新、专注、客户第一，安全。

"三人行，必有我师"，在管理团队的组建上，青昀新材坚持吸纳更加专业、优秀的人才。"我对所有的团队领导者都是这么要求的，你招进来的每一个人都要在他自己所专注的领域里比你更强才行。"陈博屹说。优秀的人可以自我驱动、自我管理，在统一目标的指导下可以发挥最大作用。简短的招聘过后，共事过程需要更加细心地观察考核，请与组织文化不符的员工离开，全力捍卫企业的核心价值观。

在人才培养和持续学习方面，在经理、总监层级，青昀新材多次组织调研学习，与阿里、华为等优秀的组织进行沟通交流。在基层员工层级重视培养，为新入职的员工提供系统性的培训和指导，通过轮岗计划、导师带教等方式帮助基层员工快速成长和融入公司。

在具体工作中，以价值创造为核心，从第一性原理出发，员工做每一项工作时都要问问自己：有没有创造出新的价值创造？如果有，就去做。如果没有，不做也罢。

以奋斗者为本、以担当者为要是具体行动的精神指导。"企业文化的践行喊口号是没用的，员工就是企业文化的'传教士'，每个人都是传播组织文化的关键节点。从我开始，我就是这么工作的，带领身边的人一层一层传递下去。"陈博屹说。在青昀新材，每位员工对工作都投入巨大的热情，所有的管理人员都直接面对一线市场，每个人都相信自己在创造一个新的历史，在为具有历史意义、价值非凡的事业奋斗，形成了积极向上的工作氛围。青昀新材的奋斗者们也是青昀新材独特的团体，他们能够完全自我驱动、自我管理，无须领导鞭策和布置任务，就可以自行工作，发光发热，燃烧自己，照亮别人。青昀新材的奋斗者经过一系列严格的考核、认证和投票，筛选出一批批中流砥柱，他们每个人都能践行和传播青昀新材的核心价值观。同时他们努力拼搏，拥有主人翁精神，能够承担责任，带动公司全体员工共同大步向前。青昀新材的奋斗者在公司内享有诸多特权，比如可以完全自主灵活地安排工作时间，请假和工作时间不受任何限制，可以随时直接跟董事长和管理层进行工作交流，享有更多的公司福利、加薪、奖金，甚至股权激励，等等。

"革新"是青昀新材的关键词。小步快跑，高频迭代。每一天都必须比前一天进步一点，永远不满足于现状，持续创新，进行高频次的认知迭代、技术迭代、产品迭代、管理迭代等。在产品刚面世时，市场反馈不佳，被认为与国际产品有较大差距。青昀新材开始快速小步迭代，每周都有显著的进步发生，经过两三年时间，无数次试错、无数次革新后，青昀新材的产品已经达到和国际品牌同样的质量，甚至在某些方面有所超越。同理，研发、生产、行政所有的工作都在这一指导方针下进行。革新的核心是不断自我革命和机制创新，制度、流程、数字化工具不断迭代，每一次迭代都要有相应的奖惩，从而筛选出具有革新意识和能力的员工。

青昀新材的价值观也渗透在公司的方方面面。以"客户第一"为例，不仅体现在直面市场的销售部门，在生产、研发、供应链等部门同样适用。生产运营的"客户"是销售部门，销售反馈的问题生产部门会第一时间跟进解决，不推脱、不质疑，评判合理性后给出解决方案。"有时候技术人员没法判断的问题，经常是我自己去，第一时间把手头的事情放来去解决客户的困惑。"徐力博说。

青昀新材重视共识价值的创造与推进，通过建立共同的信念和目标，形成强大的凝聚力和向心力。同时，青昀新材的制度设计和激励机制都围绕落实企业文化和价值观，形成强关联性，践行了核心价值观，就可以得到正向激励。在这样的发展方针指导下，青昀新材的人才和组织的发展一代更比一代强，每位员工发挥专长，领导团结人才、激励团队，执行整齐划一，效率极高，形成组织发展的良性循环。

青昀新材打造人才"高地"，充分发挥人才优势，激发企业全员活力，解决关键核心技术的"卡脖子"问题，为实现高水平科技自立自强夯实人才基础，注入"源头活水"。青昀新材昂扬向上，不断进取，成为引领行业变革的重要力量。

第三节　以材料引领绿色未来

材料科学的创新和应用是推动社会发展的关键因素，它们通过提高效率、节约资源、增强性能和提高生活质量，不断地改变着世界的面貌。践行绿色发展理念，促进新材料产业与其他产业同步转型升级，是青昀新材的使命。自诞生之初起，青昀新材的鲲纶™Hypak™便将可持续性深深植入其产品基因。从工厂建设、生产制造到具体使用，鲲纶™Hypak™的增效、节能效益融入工业和生活的各个角落。

同时，青昀新材积极联动创新链条的上下游，对上游助力材料领域科研成果转化，对下游进行新材料的推广普及，赋能客户。未来，青昀新材的创新材料将继续在各个领域发挥更加重要的作用，为人类创造更加美好的未来。

一、打造绿色基座

青昀新材始终以绿色生产、安全生产为己任，志在打造利于可持续发展的零碳工厂。从研发到制造，青昀新材产品生产的每个环节都严格落实零碳理念，通过五大体系内循环系统，实现高效、全面的能源回收，循环利用。

青昀新材的核心产品鲲纶™Hypak™以独特的材料特性和功能展现了青昀新材对可持续发展的承诺。

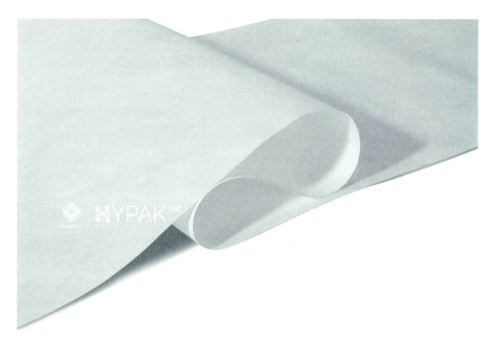

鲲纶™材料

在工厂建设方面，青昀新材建设碳中和一体化工厂，通过光伏发电、热能梯级利用、余热回收、循环使用废料等形式节能减排，减少生产过程中的污染、浪费等问题。

在生产制造方面，鲲纶™Hypak™由高密度聚乙烯纤维制成，在生产过程中不添加塑化剂或限用化学物质，回收利用价值高，100%可回收循环使用。同时，鲲纶™Hypak™可以安全焚烧，在充分燃烧的情况下，只释放水和二氧化碳，而不产生其他残留物，需填埋时也不会产生有害化合物。

在使用过程中，鲲纶™Hypak™质轻、耐用以及稳定的功能性可以减少资源和能源消耗，使用周期结束时减少废弃物。鲲纶™Hypak™用作建筑防风防水透气膜时，不仅有助于保护房屋阻隔雨水侵袭、减少空气对流造成的热量损失，而且还是通过国家绿色建筑标准

（NGBS）的绿色认证材料，有助于减少化石燃料的使用。此外，与没有防风防水透汽膜的房屋相比，使用鲲纶™Hypak™建筑围护结构的房屋可使房主每年节约能源成本达20%。鲲纶™Hypak™支持更轻、更牢的包装设计，从而减轻重量或减少占用空间，有助于减少整个供应链运输对环境的影响。应用于医疗领域时，可助力医疗塑料更有成效的回收解决方案。

二、联动创新链条

新材料成果的转化是一个系统工程，由于我国目前大多数成果仍依托于高校和科研院所，企业创新的主体地位仍未明确，创新要素与生产要素的融合不足，在配置产业要素或成果转化的过程中，往往难以跨越"死亡之谷"，新材料研发成果转化率较低。

在产业链上游的基础研究方面，高校和科研院所往往自由选题，各自为战，基础研究的细度、纵向深度和横向广度缺乏体系化。在产业链中游，新材料的基础保障能力也有待加强，原材料关键设备、材料性能、集成化等方面仍依赖进口，严重影响新材料企业的研发生产进程。在产业链的下游，新材料应用集成能力还严重不足，材料与应用端融合、集成普遍缺乏，产用平台过度支持，是我国新材料行业的一大短板。

2024年，青昀新材与苏州大学及南通开发区共同建立了苏大南通青昀新材料产业技术研究院，助力技术产业化、工程化和商业化，推动新材料技术的商业应用和市场扩展。青昀新材同时布局未来，探索和开发在未来三年到五年内可能带来巨大经济价值和生产效率提高的新型材料。青昀新材将从产业化、工程化、商业化角度，对苏州大学相关基础研究项目提供经费支持。

陈博屹说："我们会在闪蒸法的基础上作延伸性研发，更重要的是我们看到一些未来的材料，就是说在三年到五年后，会爆发巨大价值和生产力的特殊材料，最重要的就是这个技术一定可以产业化、工程化和商业化。"通过深度融合、整合各方资源和优势，可以更有效地将科研成果转化为实际生产力，缩短科技成果的市场应用时间，推动新材料产业向高端化、智能化方向发展，促进产业结构优化升级。

在下游产业方面，青昀新材参加行业展会，并通过微信、小红书、B站、抖音等社交媒体进行市场宣传，新材料的应用与生活息息相关。"越来越多的客户群体通过社交媒体了解到我们的产品是如何与生活关联，也为我们带来了很多销售线索，促进产品应用的共创。"孙江说。2023年年底，青昀新材与上海创新创意设计研究院共同举办首届Hypak™ Design全国大学生主题设计大赛，全国大学生共同探索鲲纶材料在创意设计中的无限可能，通过材料科技与创意设计深度结合，推动创新的落地转化，打造应用型新材料创新的推进器。

　　在全球化发展方面，青昀新材积极与国际市场交流，以当地的模式做当地业务，加快融入全球新材料市场与创新网络，充分利用现有双边、多边合作机制，拓宽新材料国际合作渠道。

　　创新链是产业链发展的动力之源，青昀新材统筹利用两个市场、两种资源，加强区域合作并拓展产学研融合通道，形成创新合力，解决实际生产技术和人才需求问题；同时努力增加与客户链接，更快地感知和适应市场变化，提高产品和服务的竞争力，提升在全球价值链中的地位，实现"由专至精、由精至强"。

　　未来，青昀新材将形成更加紧密的上下游关系，将鲲纶™Hypak™应用于生产、生活的方方面面，使下游企业减少对进口产品的依赖，进而助力这些企业向更高毛利的高端产品市场转型。青昀新材努力让材料发挥更大价值，为人类美好生活创造可持续解决方案。

创业是一场信仰的战争

——专访江苏青昀新材料有限公司创始人兼董事长陈博屹

《样本》：您为什么选择创立一家新材料公司？

陈博屹：我上大学的时候读的就是化工与材料专业，对材料有着特殊的感情。再者，我认为中国需要自主创新的、打破国外垄断的产品与技术，所以青昀新材是一个从很早就开始计划的必然结果。做一个有意义、有价值的企业，是件很有意思的事，看着它一点一点成长，最终创造巨大价值，说不定还能做出一些推动社会进步的更有意思的事。我大学毕业后第一份工作是在杜邦公司，参与过杜邦特卫强的业务。杜邦公司垄断这个材料近60年，一直没有企业能够挑战成功。在我的判断和认知里，没有人走的路，才是更好走的路。我对这个技术和材料也很好奇，想去尝试一下。我开始创业时，资金、技术都没有，研发新材料又是一场持久战，需要长期、大量的资金投入。我从光伏开始入行，从光伏赚到钱后把钱投到青昀新材里，这样一点点做起来。

《样本》：在青昀新材的发展中，您遇到的最大的困难是什么？是如何解决的？

陈博屹：青昀新材自2014年成立以后，从实验室基础研发取得突破，小试产品下线并通过客户测试验证，到中试产线投产客户认证，最终到规模化产线投产，产品真正商业化。这个过程用了近10年时间，其中八年的时间是没有融资的。研发过程中经历了无数次失败，漫长且艰辛。遇到的最大的困难是：团队坚持不下去了，要散伙，钱烧没了。即使创始人能够坚定信仰，一直走下去，但身边的团队经历长时间的失败、自我怀疑，最后到绝望，几乎是不可能坚持到最后的。

所以，在选择正确的方向和路径之外，创业更是一场信仰的战争，只有靠极其坚定的信念，才可能取得成功。就像在革命的道路上，任何信念不坚定的人都坚持不下来。在这个过程中，不断有人离开，我们也在不断吸纳新的、更优秀的、更坚定的人。大家因为共同的愿景、信念聚集在一起，当最终所有人都相信这件事必定会成功，相信自己是在给自己创造历史，在做一项伟大的、有前途的事业，就能坚持下来。

《样本》： 青昀新材的创新对行业有何意义？

陈博屹： 闪蒸法超材料在过去的几十年里全球只有唯一一家供应商，在中国出现的产品都是进口的。对客户而言，依赖单一供应商会导致供应不稳定、价格波动，以及潜在的供应链中断风险，同时还存在高成本、长交货期等问题。

青昀新材的创新打破了这种长期的技术垄断，实现了闪蒸法超材料的国产化。这不仅降低了客户的采购成本，缩短了交货周期，还为客户提供了更加稳定可靠的供应链保障。我们的产品在性能上与进口产品相当，甚至在某些方面有所超越，这极大地增强了客户的信心。

通过不断的技术研发和产品创新，我们为客户提供了更多的选择，激发了行业内的竞争和创新活力。同时，我们的产品在环保和可持续性方面也取得了突破，推动行业向更加绿色且可持续的方向发展。

《样本》： 青昀新材的核心竞争力是什么？

陈博屹： 对手可以偷窃我们的技术，可以抄袭我们的产品，可以高薪挖走我们的人才，可以低价抢夺我们的客户。这些都不是企业常胜的核心。真正的核心能力一定是拿不走，告诉对手也学不会的东西，那就是组织文化。好的人加上好的组织文化，就能创造出巨大的共识和创新价值。

青昀新材的文化是"1+2+4"：1是以价值创造为核心；2是以奋斗者为本，以担当者为要；4是我们的四个核心价值观：革新、专注、客户第一和安全。

青昀新材每个岗位的员工每天都在想，自己手头正在做的这件事，第二天如何做到更好？能做出哪些细微的改善？任何细微的差异经历时间的累积，都能成为巨大的竞争鸿沟。隐形冠军是如何炼成的？无外乎持续的日积月累、小步快跑、快速迭代。在这种文化的引领下，我们的队伍保持旺盛的战斗力，不断推陈出新，创造出更有竞争力的产品。

《样本》： 您认为青昀新材应如何实现长期发展？

陈博屹： 所有事物都遵循周期性的变化规律，长期发展的关键在于延长企业的生命，穿越不同层面的周期变化。中国企业的生存周期非常短，很多公司是"昙花一现"式绽放，是创始人过去几十年的经验、技术、团队、资源等所有东西的一次性变现，绽放过后，公司遇到周期性的问题无以应对就会败落。

我觉得有三个层面的周期需要考虑。

（1）产业周期。

以光伏行业为例，2011年是光伏行业的鼎盛时期，当年SNEC光伏展览会有880家企业参加；2012年光伏行业只剩不到100家参展。2018年又有一半的企业破产，到现在又是一轮新的洗牌和重组。这种行业的周期性对企业来说是巨大的挑战，居安思危，穿越周期，才能活得更好，活到最后的剩者为王。抵御产业周期的方法有：一是逆周期而动，作出与所有竞争者相反的战略选择；二是全球化，避免单一市场的产能过剩造成周期性的供过于求；三是产业相关多元化，交联的结构最稳定，既不能把全部鸡蛋放在一个篮子里，又不能是完全无业务和技术关联的鸡蛋和篮子。

（2）产品周期。

每个产品都会经历成长、成熟和衰退，像人的生老病死一样。技术的创新程度、产品匹配市场需求的程度都会影响产品的生命周期。抵御产品周期一是需要持续进行产品创新和迭代，延长产品的生命周期；二是拓展核心技术模块，不能依赖于一招鲜吃遍天下；三是核心技术模块间要能相互产生化学作用，进行不同的排列组合，衍生出新的技术和产品创新单元。

（3）人才周期。

人才是科技创新最核心要素。能够持续获得越来越牛的人加入我们，是企业成长的核心竞争力来源。创始人本身，是每个企业最大的人才瓶颈，创业型企业大多是创始人和创始团队过去多少年的经验、技术、团队、资源等所有东西的一次性变现。之后的人才衰退周期就很难避免。所以我们要求寻访来的人，在他自己擅长的领域，都一定要求比他的领导牛得多，这是招才选将的基础。在青昀新材，所有汇报工作给我的人，都比我厉害很多。所以我的团队不需要我的指导，我也没有能力指导他们，也就不需要什么工作汇报。大家采取讨论、协作、共创的方式，来推动一项项革新不断向前。我们希望能构建一个平台，不断吸引越来越优秀的人才加入，所有人能在这里发光发热，实现自己的理想和抱负。

《样本》：您如何看待行业的发展趋势？青昀新材未来的规划是怎样的？

陈博屹：新材料是个很大的行业，在尖端材料、先进材料方面很多中国做不了，仍是国外领先。近几年，国家、资本市场对新材料行业越来越重视，中国企业效率高、迭代速度快，可以在很多领域实现"换道超车"。未来中国自己的"材料创新"将不断涌现，逐步实现"国产替代"。

青昀新材未来会持续扩展和扩张，三年到五年以内，青昀新材还会以鲲纶™Hypak™产品体系为主，先专注把一件事做扎实，要让它的产品品质比进口的更强，让产品和团队形成可以自我迭代进化的能力。从更长远来看，我们还投入了相当的研发力量，构架了多个具备关联化的产品体系，建设更加稳定的技术创新平台。我们将努力成为全球最具创造力的材料科技企业之一，为人类美好幸福生活创造可持续解决方案。

长坡厚雪，久久为功

材料强则制造强，新材料产业是战略性、基础型产业，是未来高新技术产业发展的基石和先导。在中国经济转向创新驱动发展过程中，新材料作为科技创新的重要基础，必将发挥重要作用。随着全球地缘政治冲突加剧，供应链安全逐渐成为国家与企业关注的核心问题之一，国产新材料的研发和应用成为降低对外依赖、提升国内产业竞争力的关键。新材料产业是一个长坡厚雪的产业。

同时，新材料产业技术更新迭代快，投入高，周期长，在市场上还面临国际巨头公司的垄断。以青昀新材为代表的新材料企业正在不断突破技术封锁，日益彰显出巨大的发展潜力和创新活力。

青昀新材自2013年成立，就专注于闪蒸纺超材料研发，在配方、工艺和设备全环节独立完成了闪蒸纺工艺从0到1的跨越，建成了1.5万吨级产线，打破了世界500强企业在该项技术近60年的全球垄断，填补了中国新材料科技产业的空白。闪蒸纺超材料鲲纶™Hypak™具有阻菌、防水、透气，质轻、强韧等特点，被广泛应用于医疗包装、建筑节能、安全防护、工业革新以及创意生活等场景中。

在成功量产商业化的背后，是青昀新材团队奋斗、革新的精神。青昀新材通过"专注—创新—全球化"的核心战略路径，在董事长陈博屹强有力的领导下，以成为全球最具创造力的材料企业为目标，依靠自身专长，挑选组建闪蒸纺超材料的研发和商业化顶级的、具有长期行业经验的团队，激励员工，持续创新，在实现量产后贴近客户，全球化布局。青昀新材以顶尖的资源、坚定的信念攻克闪蒸纺超材料生产难关，怀着创造历史的决心，在材料生产和材料应用领域双向开发，自我进化，终成中国闪蒸工艺和产品的破局者。

闪蒸纺超材料的国产化、规模化生产，将为其下游的行业带来革命性的变革。一方面补足中国的产业链，减少下游行业对进口产品的依赖，解决"卡脖子"问题，助力下游企业产量增加以及向更高毛利的市场转型，改变全球市场格局。另一方面，青昀新材的闪蒸纺超材料秉持可持续理念，具有可回收、高效能等特点，可以减少对环境的负面影响，助力国家"双碳"目标的实现，同时也向世界舞台给出中国的可持续答卷。

我国新材料产业正处于由大到强转变的关键时期。传统应用领域变革日新月异，材料领域的多学科交叉趋势将带来更多创新机会，材料需求逐渐高端化，产品和市场都需要重新来定义。实现产业链自主可控、安全高效的管理目标、更加紧密的上下游连接及产学研融合是发展的共识。

青昀新材不断突破自我，持续革新，用数字化、智能化提高效率，以先进生产力引领发展，用可持续的产品打造产业的绿色底座。在新材料行业的长坡上，青昀新材以其坚韧不拔的创新精神和前瞻性的战略布局不断积累发展的势能，滚大雪球。随着技术突破和产品创新，青昀新材将秉持更强的竞争力迎来更广阔的市场。

单俊葆　中金资本董事长

后 记

2023年，是样本的重大革新之年。

样本应产业发展所需，从单一的项目演进为系统工程，践行着更深刻的创新赋能使命。

从立项至今，我们兢兢业业地探索着创新的奥义，以最朴素的方式深入产业，汇集创新者的智慧和方案，也一期比一期更加坚定今日之中国需要创新驱动、创新引领。创新也的确如战略规划引领那样，在大趋势的引导下逐步大众化、常态化，成为全社会的一种价值导向、生活方式和时代追求。面对未来，以科技创新推动产业创新的思想利器，积淀并发展改革开放40多年来的成功经验和能力，并结合各个产业的特点，渗入各个环节，开展了关于实现高质量的有效指引。今年入选的样本企业，无一不是如此。而在2023年夏季召开的样本总结会、升格会，秋季举行的知新工程总结会和四季度多次召开的规划研讨会上，我们也发现样本企业总体上所具有的"守正创新、开放协同"的新时代特征，以及将创新作为战略并愿意长期投入的共性。作为创新发展的中坚力量，创新企业家带领着企业奋力拼搏、力争一流，实现质量更好、效益更高、竞争力更强、影响力更大的发展。

但我们的探索还远远不够。科技创新的内外部环境正不断发生新的变化，新兴产业赛道不断涌现。科技已经成为企业的核心内容和要素，创新也是考验企业的长久法门。企业在通过科技创新推动自身技术转化与业务发展的同时，需要推动产业创新，为可持续发展找到具有强大韧性和竞争力的产业落脚及融合模式，并构建良好生态，希望通过生态的发展牵引、促进、带动产业的发展，以减少不确定的变化带来的危机。商创院作为新型智库，期盼做创新成长的思想引领者、赋能者，多年来始终贴合产业，不断迭代升级，向"新"发力。经过两年多的选样深化建链和用样赋能摸索试验，在商创院众多理事、产业及学术专家的支持下，主动打破"舒适圈"，整合并重新配置创新资源，启动了模式变革。

以样本为引擎的"知新工程"，尽管形成了一个较为完整的科学选样、商学用样和价值传播的专业化体系，但过往并没有同类案例可借鉴。作为希冀贯通创新研究、创新教育和创新孵化的公益实践计划，毫无疑问也是共建共创及产学研融合的一种创新模式。尽管任重道远，我们诚惶诚恐，专注以诚。样本是工程内最成熟的"产品"，本届率先进行了诸多变革：初评企业达到3800多家，比2022年度翻了一番；首次大范围采用人工智能筛评手段，并在筛评体系中引入可持续发展体系研究；首次一次性联动40多位产学研专家，组织多轮大规模、分领域的现场评审会；首次公示年度案例；等等。样本团队解放思想，积极联动一切力量，协同开放进行工程的系统再造。这个过程，颇多曲折；革新自我，总有痛苦。但我们更明白，大规模协作经济的时代已然到来，不改变，何谈赋能！况且，团队亦深刻认知，"知新工程"是新时代中高强度、全链条、长周期协同创新的一大践行，必将加注中国创新"土壤"的营养，助推中国商学文明的进步，助力文化自信，实现夯实创新基石的目标。而每年一度的企业选样，一定是不断被惊奇、震撼与感动的过程。

在此，特别感谢陆雄文院长和林环教授长期以来的全力指导和关心鼓励！也感激复旦大学管理学院、东方财富、云知声科技、安永事务所、中金资本、圆通速递、东南大学长三角碳中和战略发展研究院等协作伙伴的鼎力支持，感谢理事们对样本工作的关注、关心和热情推荐。同时，特别感激上海社会科学院世界中国学研究所所长沈桂龙、科大讯飞联合创始人胡郁、优刻得科技董事长季昕华、天汇资本董事长衰安根、信达生物董事长俞德超等专家和企业家的全程指导、筛评与推荐支持！也特别感谢吴柏钧教授、吴晓波教授、余玉刚教授等学术委员会专家的指导和点评支持！十分感谢2023年度样本企业团队专业、认真的协同支持。

五载扬帆竞发，长三角一体化创新引领的辐射作用不断增强。展望未来，我们有理由相信：时与势精准把握、知与行高度统一、内与外融会贯通的长三角，定将乘风起势，落实全球科创高地建设使命，让发展的创新动力源源不断，共同绘制人类命运共同体的美好画卷！

上海长三角商业创新研究院

《2023长三角商业创新样本》执委会

2024年5月

项目组织单位

主办单位：上海长三角商业创新研究院
支持单位：复旦大学管理学院、东方财富信息股份有限公司、中金资本运营有限公司、东
　　　　　南大学长三角碳中和战略发展研究院、华东理工大学社会科学高等研究院
承办单位：浙江汉歌文化创意有限公司

特邀专顾委、编委会及主要团队成员

总 顾 问：陆雄文　上海长三角商业创新研究院院长、复旦大学管理学院院长
规划统筹：林　环　上海长三角商业创新研究院创始理事、研究员
专家委员会：吴晓波　浙江大学社会科学学部主任
　　　　　　吴柏钧　华东理工大学社会科学高等研究院院长
　　　　　　余玉刚　安徽理工大学党委副书记、常务副校长
　　　　　　赵曙明　南京大学商学院名誉院长
　　　　　　朱晓明　东南大学长三角碳中和战略发展研究院院长
　　　　　　沈桂龙　上海社会科学院世界中国学研究所所长
　　　　　　季昕华　上海优刻得科技股份有限公司董事长
　　　　　　汤哲辉　安永大中华区硬科技行业中心审计主管合伙人
　　　　　　袁安根　天汇资本创始人、上海长三角医药创新发展研究中心主任
采编委员会：
主　　任：蒋　斌　上海长三角商业创新研究院秘书长兼常务副院长
副 主 任：吴文平　浙江汉歌文创有限公司首席顾问、杭州市记者协会副主席
委　　员：岑　岑　复旦大学管理学院科创办公室主任
　　　　　　于保平　复旦大学管理学院案例研究中心主任

出　　品：蒋　斌　上海长三角商业创新研究院秘书长兼常务副院长
知新工程负责人：张　莉

出版总监：苏文婷　上海长三角商业创新研究院外联部主任
特约审校：刘佳俊　上海九久读书人文化实业有限公司图书编辑
执行团队：苏文婷、唐小愉、王则一、洪琦滨、刘　莹、于佳平、刘玉娟、朱光函、
　　　　　　陈圣木、范顺事、黄安琪
发布会组委会秘书处：朱文洁、苏文婷、唐小愉、夏婷婷、章雨田

特别鸣谢《2023长三角商业创新样本》评审委
（排名不分先后，按照首字母拼音排序）

评审委：陈炳良　信达生物制药有限公司首席科学家
　　　　　陈　凯　东方财富副董事长
　　　　　耿梓轩　融智汇健康科技集团董事长
　　　　　胡　郁　科大讯飞联合创始人、聆思科技董事长
　　　　　何　丹　蓝狮子出版总经理、财经作家
　　　　　季昕华　优刻得科技集团董事长
　　　　　蒋青云　复旦大学管理学院教授
　　　　　蒋　斌　样本出品人兼采编委主任、商创院常务副院长
　　　　　陆雄文　商创院院长、复旦大学管理学院院长
　　　　　阮阳阳　新华网上海分公司总经理助理
　　　　　沈桂龙　上海社会科学院世界中国学研究院院长
　　　　　单俊葆　中金资本董事长
　　　　　汤哲辉　安永硬科技行业中心审计主管合伙人
　　　　　吴柏钧　华东理工大学社会科学高等研究院院长
　　　　　吴　凯　中金资本执行总经理
　　　　　吴晓波　浙江大学社会科学学部主任
　　　　　相　峰　圆通速递副总裁、长三角流通经济创研中心主任
　　　　　杨小康　上海交大人工智能研究院常务副院长、长江学者
　　　　　袁安根　天汇资本创始人、上海长三角医药创新发展研究中心主任
　　　　　印小伟　展银投资董事长
　　　　　朱　波　国际资深IT和移动互联网专家、数字中国论坛秘书长
　　　　　朱晓明　东南大学长三角碳中和战略发展研究院院长

2023年度样本筛评及采编说明

2023年度样本筛评及采编过程共历时近11个月，分五个阶段：前期筹备（2个月）、筛评和调研执行（2~3个月）、采编创作（3~4个月）、成稿审核（2个月）、出版和发布（2个月），访谈与编写局部交叉进行。

一、筛评流程及办法

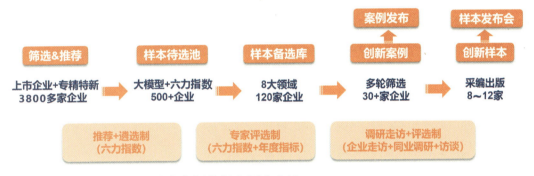

建立评选制，分层级设定考评指标和评审办法。

二、筛评核心内容

（1）选样方向。坚持八大领域：生命健康和生物医药、金融科技、数字科创、商贸流通、文旅产业、服务经济、新能源与绿色发展以及基于高端装备制造的技术创新；根据国家"十四五"规划及长三角核心领域及重点产业发展进行甄选。

2023年度加大了对量子技术、集成电路、生物医药、人工智能、新能源和节能环保、新材料、半导体以及高端装备等领域企业的关注。

（2）筛评体系。通过六大维度四项指标，形成一个全面丰富、客观多维、动态前瞻的评价体系，直观反映企业生产、经营、竞争、创新等过程所需要经历的方方面面，助力开展更广泛、全面、科学的选样。

六大维度	四项指标
生态力	战略契合、区域布局、产业孵化、能级辐射
战略力	赛道甄选、模式创新、经营创新、国际视野
科创力	研发投入、技术管理、专利强度、科技成果
经营力	经营创利、制度要素、市场地位、治理绩效
文化力	企业家精神、价值观、组织文化、学习赋能
资本力	主要股东能力、上市选择规模、效应市场、机构关注度

三、采编说明

（1）本书所涉及样本企业相关内容及数据由项目团队通过企业方提供、主流媒体报道行业调查数据、第三方咨询报告及与企业创始人、高管访谈获得，并经项目采编团队整合提炼而成。

（2）主要采编指标包括：企业基本概况、战略定位和发展状况、商业或经营模式和主营业务结构及特征、政府扶持状况、公司治理描述、企业文化创新和责任、资本和金融发展及近3~5年的创新状况、创新点及实施成果描述与新的创新计划、企业可持续发展战略等九大项超过20个细项指标。

（3）整个过程围绕创新样本企业和上海长三角商业创新研究院自身所积累的数据联合开展。重点关注反映样本企业近3~5年来的重大变革和创新所产生的经营智慧、文化建设、社会责任和创新模式的探索成果，以及为产业链和区域经济、社会财富所创造的政治、经济、文化与社会环境的价值。

（4）样本企业所需提供的材料指标主要采用2019—2023年的数据，并对企业成立以来的基本材料及企业发展进行历史性的对照。

（5）样本企业选择参照的历史依据主要包括：国际、国内以及区域内处于领先者地位或快速成长型的优秀企业；业界品牌知名度或美誉度较高的企业；有独特创新模式和重大创新能力的企业；营收、净资产、利润或净利润等主要增长指标稳健或优良的企业；依托科创能力或者技术壁垒的行业隐形冠军和依托数据技术领先的准独角兽公司；以及产业贡献优良、文化或品牌建设有标杆性和典型案例等辅助指标。

附录：以样本为内核的知新工程

温企业发展奋斗之故，知其实战智慧之新。

温企业家思想创新之故，知其精神动力之新。

温中国经济和社会玉汝于成之故，知其时代引领之新。

应时代发展所求、促产业发展之需，2017年开启以"创新"为基本指标的研究，推动新时代下的发展样本和创新引领。

多年来，样本始终坚守初心，不断迭代进化。更在复旦管院全程学术支持、东方财富、圆通速递等中国头部创新企业提供战略支持下，不断优化体系，构建产学研创新融合体系；同时也进一步挖掘、开发样本的多元价值，向世界贡献中国范式。

为此，基于八年探索形成的较为完整的创研和赋能体系，商创院决心再以十年之功，开启长期公益计划——知新工程。

一、顺势而为，构建全新开放创新生态

习近平总书记在党的二十大报告中强调："教育、科技、人才是全面建设社会主义现代化国家的基础性、战略性支撑。必须坚持科技是第一生产力、人才是第一资源、创新是第一动力，深入实施科教兴国战略、人才强国战略、创新驱动发展战略，开辟发展新领域新赛道，不断塑造发展新动能新优势。"中央经济工作会议强调，依靠创新培育壮大发展新动能，最大限度释放全社会的创新创造潜能。"新技术、新产业、新业态、新模式"的四新经济代表性企业批量涌现，创新的理论与实践研究也亟须进行。

建国君民，教育为先。2024年政府工作报告指出，"深入实施科教兴国战略，强化高质量发展的基础支撑"，把高质量发展作为深入实施科教兴国战略的基础性支撑，是对党的二十大报告中以科教兴国战略推动高质量发展的具体布局。新时代新征程赋予科教兴国战略新的时代内涵。

作为中国未来发展的希望所在，也是中国经济发展的重要引擎，以及快速成长中的全球科创高地，长三角地区人才资源密集，科教资源汇聚。基于这样丰富的实践资源，我们的学习、研究，包括案例的总结、提炼和开发，就变得非常重要，可以与产业的发展、经

济的转型、攀登世界经济未来制高点的目标有机地协同起来。

知新工程部分项目成果（截至2023年年底）

八年来，得益于复旦大学管理学院的学术支持，上海社会科学院、浙江大学、南京大学、上海交通大学、华东理工大学、河海大学等高等院校，以及东方财富、云知声科技、安永事务所、中金资本、圆通速递、东南大学长三角碳中和战略发展研究院等协作伙伴的大力支持，商创院深入四新经济，从样本出发，开展指数、案例、赋能商学等研究。

不同历史时期，国家发展任务不同，教育的责任也不同。新时期的商学教育，以"科技兴国、产业富强"为出发点；以新知和智造，为中国商学教育注入新活力；让中国的学生可以用中国的案例、学中国的实践、建中国的理论、树中国的自信；以模式创新，打破校企藩篱；以思想价值提升，实现教育和产业融合；以时代使命，推动商业文明发展。

二、鼎新前行，打造创新时代新范式

知新工程，以"挖掘和提炼中国企业的创新实践，构建新的价值主张，推动中国式现代化新商业文明建设，并通过教育与科技的双轮驱动，培养创新人才，推动中国社会经济高质量发展"为宗旨，以"创新研究、创新教育、创新孵化"为核心，通过寻找样本企业，打造创新案例，促进产学研的深度联动，构建理论与实践交流输送的平台。一方面，让更多的企业家进学校，让真正符合新时代的创新思想、代表中国商业文明和科技进步最前沿的理念，以最鲜活的方式输送到高校；另一方面，让更多的案例导师和专家学者进企业，深入企业一线持续研究观察，挖掘生动鲜活的经营案例，凝练和提升商业创新理论高度。以此，形成新时期下深具前瞻性、创新性的思想价值体系，助力更新商业创新教育范式，增强文化自信，持续为中国社会经济高质量发展赋能。

愿景：讲好中国故事，做好中国样本，赋能中国商学。

定位：聚焦于国家"十四五"规划及长三角核心领域及重点产业发展，持续关注生命健康和生物医药、金融科技、数字科创、商贸流通、文旅产业、服务经济、新能源与绿色发展以及基于高端装备制造的技术创新等八大领域。

模式：以科创为引擎，以样本为内核，贯通创新研究、创新教育、创新孵化的基本脉络，打造包括长三角商业创新指数研究、长三角商业创新样本、长三角商业创新案例、长三角商业创新大会暨样本发布会、赋能计划等在内的品牌项目，实现双向赋能、共创共享的完整闭环，探索产学研协作新模式。

三、公益赋能，共建激发商业文明新活力

商业文明发展在华夏蔓蔓日茂，从商周"日中为市，各得其所"的萌芽，到如今"万帆竞发，卓秀于林"的繁盛。中国的商人和实业家，从来没有缺席过国家发展的重要时刻。商绅助学，是中国历史上延续数千年的传统美事；近代华侨捐赠图存，也曾开创实业襄助国是的伟大壮举。

21世纪20年代，中华民族又一次走到了抉择之途，面临前所未有的机遇与挑战。此时此刻，企业家的助力不再是商绅助学的锦上添花，也并非华侨救亡的雪中送炭，而是与国运共生、共存、共兴的命运托付。它是实业助推国运的又一种形态。在新时期，与国家共生发展，正是命运交融的时刻。全新的模式、历史的使命，将浇筑注定被铭记的我们这一代企业家之魂。

未来的科技中国，取决于我们今天每个中国人的抉择。复兴需要巨大的势能，中国社会积攒多年，正是期待质变的时刻。后复兴时代，也需要从今天开始，形塑未来的格局。

知新工程，将以不惧千辛万苦之精神，常持千方百计之勇略，冲破千困万难，翻越千山万水，用十年之功，以公益之力，汇聚产、学、研以及更多的社会资源和创新能量，与胸怀凌云壮志的企业家一起，"讲好中国故事，做好中国样本，赋能中国商学"，探索新时代中国商业创新模式，用创新驱动和社会责任助力商业文明进步。

欢迎更多的企业家、教育家、思想家、实践家加入知新工程，用您宝贵的时间、丝缕必珍的精力、慨然以赴的决心以及慷慨捐赠的财富，共同支持新时代、新商业创新理论与价值体系研究，发现创新样本、传播实践案例、培养创新人才，助力强国发展，建设美好新时代。

联系邮箱：ZXGC2023@163.com

2023年长三角商业创新案例

2023年度，以"长三角商业创新指数"六力模型三年研究为基础，对1800多家上市公司和2000多家工信部专精特新、独角兽等科创企业进行系统分析，筛选出500家优秀创新公司。邀请复旦大学管理学院、安永事务所、中金资本等知名院校与机构，组建专家团进行多轮评审，复选出60家企业，最终评选出37个年度创新案例。

本年度案例中，绿色发展及新能源领域企业13家，大健康及生物医药领域企业3家，数字科创企业9家，商贸流通及服务经济领域企业3家，基于高端装备制造的技术创新企业9家。

一、年度创新案例名单

绿色发展及新能源			
1	远景科技集团	8	上海璞泰来新能源科技股份有限公司
2	浙江杭可科技股份有限公司	9	江苏恒立液压股份有限公司
3	苏州天准科技股份有限公司	10	南京天加环境科技有限公司
4	苏州迈为科技股份有限公司	11	万帮数字能源股份有限公司
5	国电南瑞科技股份有限公司	12	合肥美亚光电技术股份有限公司
6	浙江三花智能控制股份有限公司	13	固德威技术股份有限公司
7	阳光电源股份有限公司		
大健康及生物医药			
1	南京药石科技股份有限公司	3	浙江新和成股份有限公司
2	南微医学科技股份有限公司		
商贸流通及服务经济			
1	中远海运发展股份有限公司	3	连连数字科技股份有限公司
2	普洛斯投资（上海）有限公司		
数字科创			
1	杭州海康威视数字技术股份有限公司	6	上海德拓信息技术有限公司
2	上海哔哩哔哩科技有限公司	7	星环信息科技(上海)股份有限公司
3	浙江强脑科技有限公司	8	本源量子计算科技（合肥）股份有限公司
4	杭州趣链科技有限公司	9	澜起科技股份有限公司
5	行吟信息科技（上海）有限公司		

续表

基于高端装备制造的技术创新			
1	杭州福斯特应用材料股份有限公司	6	杭州广立微电子股份有限公司
2	中芯国际集成电路制造有限公司	7	苏州智程半导体科技股份有限公司
3	中微半导体设备（上海）股份有限公司	8	江苏艾森半导体材料股份有限公司
4	无锡先导智能装备股份有限公司	9	江苏青昀新材料有限公司
5	华润微电子有限公司		

注：以上排名不分先后。

二、案例评选说明

（1）以长三角区域内的企业为筛评对象，紧紧围绕"创新"和"商业"两个关键词展开，兼顾创新宽口径与商业审慎性——将符合行业创新和模式创新的公司尽可能入围的同时，对于公司的商业数据和信息审慎筛选和处理。

（2）初评的上市企业涵盖以下四类企业：第一类是注册地在长三角的沪深主板上市企业；第二类是注册在异地但实际主要经营地在长三角的上市企业；第三类是符合指数研究定位的境外上市企业；第四类是科创板上市企业和新三板创新层企业。非上市企业来自中金资本等战略合作伙伴及推荐委、执行委成员的推荐。

（3）基于2023年度初评企业规模较2022年度扩大一倍，商创院首次大范围采用人工智能手段进行初筛，同时引入组织文化、可持续发展等多元化指标，并辅以专家评审等多重办法，以提高筛评过程的透明性、结果的科学性、严谨性。

主要参考资料及文献

[1] 不止光刻机，国产芯片还有这些难题要解决 [EB/OL].芯网,(2022-03-17).https://baijiahao. baidu.com/s?id=1760580810963659160&wfr=spider&for=pc.

[2] SEMI:预计2024年月产晶圆将破3000万片大关 中国引领产业扩张 [EB/OL]. C114通信, 网 (2024-01-04).http://www.c114.com.cn/4app/3542/a1252473.html.

[3] 万字长文:揭开全球芯片制造之争内幕 [EB/OL].腾讯新闻,(2023-02-05).https://new.qq. com/rain/a/20230204A02ZXH00.

[4] 浅析国内集成电路用电镀液及配套试剂行业发展[EB/OL].爱集微,(2022-11-04).https:// laoyaoba.com/html/share/news/837348?source=h5.

[5] 2021-2027全球与中国光敏聚酰亚胺(PSPI)市场现状及未来发展趋势[R].QYResearch

[6] 我国2023年集成电路进口量下降10.8% [EB/OL].IT之家 (2024-01-16).https://www.ithome. com/0/745/412.htm.

[7] 连连数字科技股份有限公司招股书[R]. 连连数字科技股份有限公司.

[8] 连连数字助力数字经济发展 赋能共同富裕[EB/OL]. 经济参考报,(2022-04-15). http:// www.jjckb.cn/2022-04/15/c_1310559455.htm.

[9] 连续4年,连连数字再次入选胡润全球独角兽榜单[EB/OL]. 壹点网,(2023-01-12). https:// tech.china.com/article/20230112/012023_1211312.html .

[10] 中国首家全球数字支付服务商登陆港股 连连数字加码全球业务布局[EB/OL]. 21世纪经 济报道,(2024-03-28). https://m.21jingji.com/article/20240328/herald/d1858de2e08c9e 6eb-ef50a28b87a2147.html.

[11] 打破贸易壁垒、助力"国货出海" 连连国际发起"数智出海"项目[EB/OL]. 互联网小镇, (2023-05-04). http://www.hhtz.gov.cn/art/2023/5/4/art_1487008_59054468.html.

[12] 新质生产力先锋 绿色新动能——普洛斯中国 2023 年环境、社会和治理(ESG)报告[R]. 普洛斯中国,2024-04-22.

[13] 新黄金十年,普洛斯如何在产业升级中捕捉新机会？ [EB/OL].运联智库,(2023-05-25). https://www.glp.com.cn/news/media/524.html.

[14] 中国工业互联网产业经济发展白皮书(2022)[R].中国工业互联网研究院,2022-11-06.

[15] 历史发展|安博中国[EB/OL].安博(中国)管理有限公司,(2024-04).https://www.prologis.cn/about/history.

[16] 普洛斯中国控股有限公司公司债券中期报告(2023年)[R].普洛斯中国,2023-08.

[17] 以旧"焕"新,解码普洛斯升级物流及产业基础设施的底层逻辑[EB/OL].中国物流与采购杂志,(2023-05-24).https://www.glp.com.cn/news/media/523.html.

[18] 基础设施公募REITs支持仓储物流发展浅析[EB/OL].中央财经大学绿色金融国际研究院,(2023-05-05).https://iigf.cufe.edu.cn/info/1012/6823.htm?eqid=f7df62990026fe630000 0002645e5dad.

[19] 推进产业链智慧零碳转型,普洛斯向行业开放服务能力[EB/OL].新华网,(2022-08-11).https://imgs.xinhuanet.com/tech/20220811/063589e5529249ff9d0b67d0a9ab7c42/c.html.

[20] 中美团队"意念控制"临床试验进展频频,脑机接口"科幻照进现实"还有多远？[EB/OL].文汇报,(2024-03-29).https://baijiahao.baidu.com/s?id=1794826269606054236&wfr=spider&for=pc

[21] 对话强脑科技创始人、CEO韩璧丞:不走马斯克的路,脑机接口市场会更大[EB/OL].文汇报,(2024-02-23).https://baijiahao.baidu.com/s?id=1791691494174207823&wfr=spider&for=pc

[22] 脑机接口标准化白皮书(2021)[R].中国电子技术标准研究院,2021-07-09.

[23] 王伟光."一带一路"——新型全球化的新长征[M].中国社会科学出版社,2017.

[24] 任泽平,王一渌.新能源[M].中信出版社,2023.

[25] 张帆,等.全球新能源发展报告[R].社会科学文献出版社,2022.

[26] Forbes China.对话远景科技张雷:零碳时代,解决全球挑战[J].Forbes China,2022(7).

[27] 人民网.张雷代表:推动零碳产业园落地 助力区域平衡发展[N].人民网.2022(3).

[28] 远景.2023远景零碳行动报告[R].远景科技,2024.

[29] 中商产业研究院.2024年中国新材料产业链图谱研究分析(附产业链全景图)[EB/OL].中商情报网,2024-04-20. https://www.askci.com/news/chanye/20240207/092817270726929 478643547_4.shtml.

[30] 李泓霖;冯丽君;周毅.新材料产业图谱丨需求快速增长,技术加速突破[EB/OL].第一财经,2024-04-20. https://www.yicai.com/news/101762937.html.

[31] 霍英贤.2023-2024年中国新材料行业投融资分析报告[EB/OL].IT桔子,2024-04-20.https://cdn.itjuzi.com/pdf/af0e3740866c1bdd5bca8e00d5c8d0c6.pdf.

[32] 夏骅.材料创新如何解决"三高三长"？这场主题沙龙开启对话[EB/OL].北京日报,

2024-04-20. https://news.bjd.com.cn/2023/09/21/10570385.shtml.

[33] 摩尔 (2022). 跨越鸿沟 颠覆性产品营销指南 = Crossing the chasm marketing and selling disruptive products to mainstream customers. 机械工业出版社.

[34] 李元元院士：新形势下我国新材料发展的机遇与挑战[EB/OL]. 高科技与产业化, 2024-04-20. http://www.las.hitech.cas.cn/fmzt/202202/t20220215_681471.htm.

[35] 综合开发研究院. 新质生产力丨原创性颠覆性科技创新：新质生产力发展新动能[EB/OL]. 澎湃新闻, 2024-04-20. https://www.thepaper.cn/newsDetail_forward_27118261.

[36] 谢曼, 干勇, 王慧. 面向2035的新材料强国战略研究[J]. 中国工程科学, 2020, 22(05):1-9.

[37] 李平, 吴波, 邬爱其. "专精特新"企业发展的独特路径[J]. 新型工业化理论与实践, 2024, 1(1):118-128.

样本企业年度报告、年度总结报告、所属产业的相关年度报告及同业相关年度报告，恕不一一列举。